Amazing Nagasaki!

すごい長崎

日本を創った「辺境」の秘密

下妻みどり
Shimotsuma Midori

新潮社

はじめに

長崎はどこにある？

世界地図を広げると、ユーラシア大陸東岸の極東と呼ばれるエリアに、細長い島国の日本が見える。北東から南西にかけて、北海道、本州、四国、九州の四つの大きな島と、その他の多くの島々が連なっている。長崎は九州にあるが、世界地図だと名前までは載っていないかもしれない。

アジアに近づいてみよう。西から東へ、インド、東南アジア、そして北へ中国、台湾。続く南西諸島の先に九州があり、その北西岸が長崎だ（8頁の地図①）。江戸時代初期には長崎からの船が東南アジア各地に渡っていた。中国、上海までの距離は約八百キロ。大正から昭和にかけては上海航路が一昼夜で結んでいた。

日本地図を見てみれば、現在の長崎県は、九州の西側に浮かぶ大小の島々と半島の集合体である（9〜10頁の地図②③④）。定義上は日本海に面しつつ、水平線のすぐ向こうは東シナ海だ。毎日の天気予報では「済州（チェジュ）島西海上」の状況が伝えられる。島の数は一千四百七十九、四十七都道府県で最も多く、海岸線は北海道（島の数は全国二番目）に次いで長い。黒潮から分かれた対馬海流と海底の地形が好漁場を作り、魚種、漁獲量とも全国トップクラスを誇る。対して陸地は少なく、その多くは森林と斜面地だ。魚は取れるが米はあまり取れない。

長崎県には十三の市と八つの町があり、県庁所在地は長崎市だ。平成の大合併では周辺の七つの町が「長崎市」となった。昭和から明治にさかのぼれば範囲はもっと狭くなり、さらに地元の感覚では、長崎市の中心部、江戸時代からの旧市街地とその周辺地域が「長崎」と呼ばれ、本書での「長崎」もそれを指している。

長崎から上海までが約八百キロなのに対し、東京までの距離は約千二百キロ。江戸時代以前は〝一衣帯水《いちいたいすい》〟の上海までが船で約一週間、徒歩で行く江戸への道のりは一ヶ月ほどかかった。現在は東京まで飛行機で一時間半ほど、高速道路だと走りっぱなしで十四時間半、鉄道では七時間といったところだ。二〇二二年には西九州新幹線が開通したが、福岡〜長崎間は直接つながっておらず、佐賀の武雄《たけお》温泉駅で在来線に乗り継がなくてはならない。鉄道の線路は長崎駅のホームで折れ曲がって終わり、高速道路も終点だ。長崎は昔もいまも、日本の西の果ての町である。

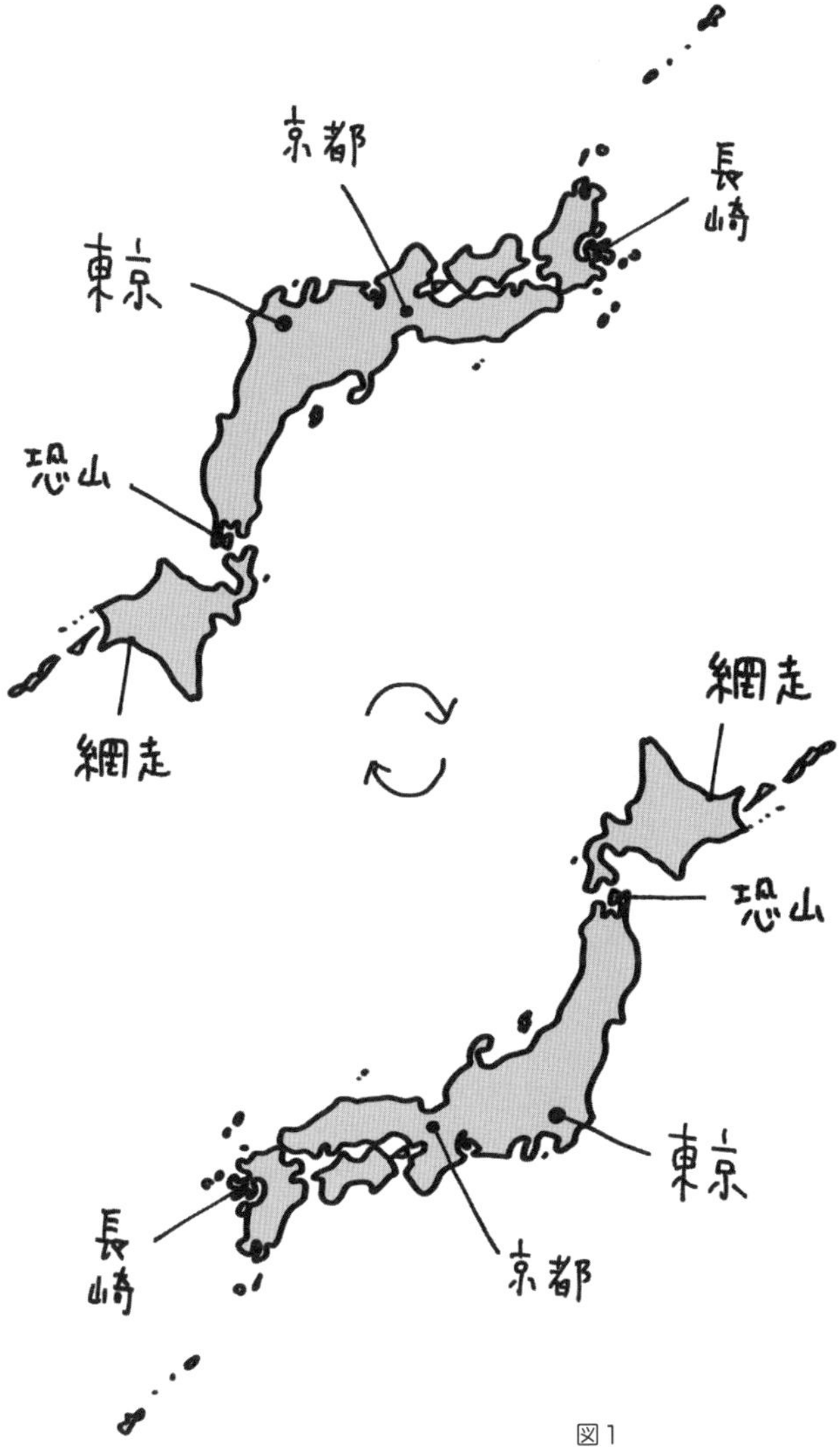

図1

日本地図をひっくり返してみれば、長崎とおなじくらい〝はじっこ〟なのは、北海道なら網走《あばしり》、本州であれば青森の恐山《おそれざん》あたりだろうか（図1）。重い罪の囚人が流された土地と、あの世の人が降りてくると信じられる場所だ。かたや長崎は、とりわけ「鎖国時代の海外への窓口」だった現在の長崎市中心部には、地球の裏側の人々がやってきた。明治時代にコレラが上陸すると、町ごと焼き払う計画が持ち上がったとさえ聞く。日本が国を閉ざしていた時代に海外への窓口だったことは、いまでいう〝国際都市〟とは、いささか違う意味合いだったのかもしれない。言うなれば、日本の「辺境」だろうか。

異国の人々が暮らした町には、独特の歴史と空気が培《つちか》われた。長崎一の繁華街で幼少期を過ごした歌手・俳優の美輪明宏は「そう、ちょうど、東洋と西洋の神様の間に生まれた気分屋の女神のような市でした」と回想する（『紫の履歴書』水書坊）。コレラでは焼かれなかったが、原爆は落ちた。「七十年は草木も生えぬ」と言われた町はよみがえって観光地となり、修学旅行先としても人気が高い。今日も多くの人が訪れては、眼鏡橋《めがねばし》、出島《でじま》、グラバー園、平和公園、稲佐山《いなさやま》に軍艦島《ぐんかんじま》、さまざまな時代のスポットを回り、ちゃんぽんやトルコライスを食べ、カステラを手にして帰っていく。

私は長崎に五十年以上暮らし、そのうち三十年近くは本やテレビなどの仕事を通じて、町の歴史や生活を伝えてきた。異国情緒あふれる祭りや食文化など〝絵になる〟テーマはいくらでもある。しかしいつのころからか、華やかで賑やかな町の奥に、まだ見ぬ大切なもの、語られていないものが潜んでいるような気がしてきた。長年住んでいながら、ずっと観光客のままだったのかもしれない。世界と日本をつないできた縁側のような「辺境」の町をめぐり歩いてみれば、〝気分屋の女神〟は、なにか話を聞かせてくれるだろうか。

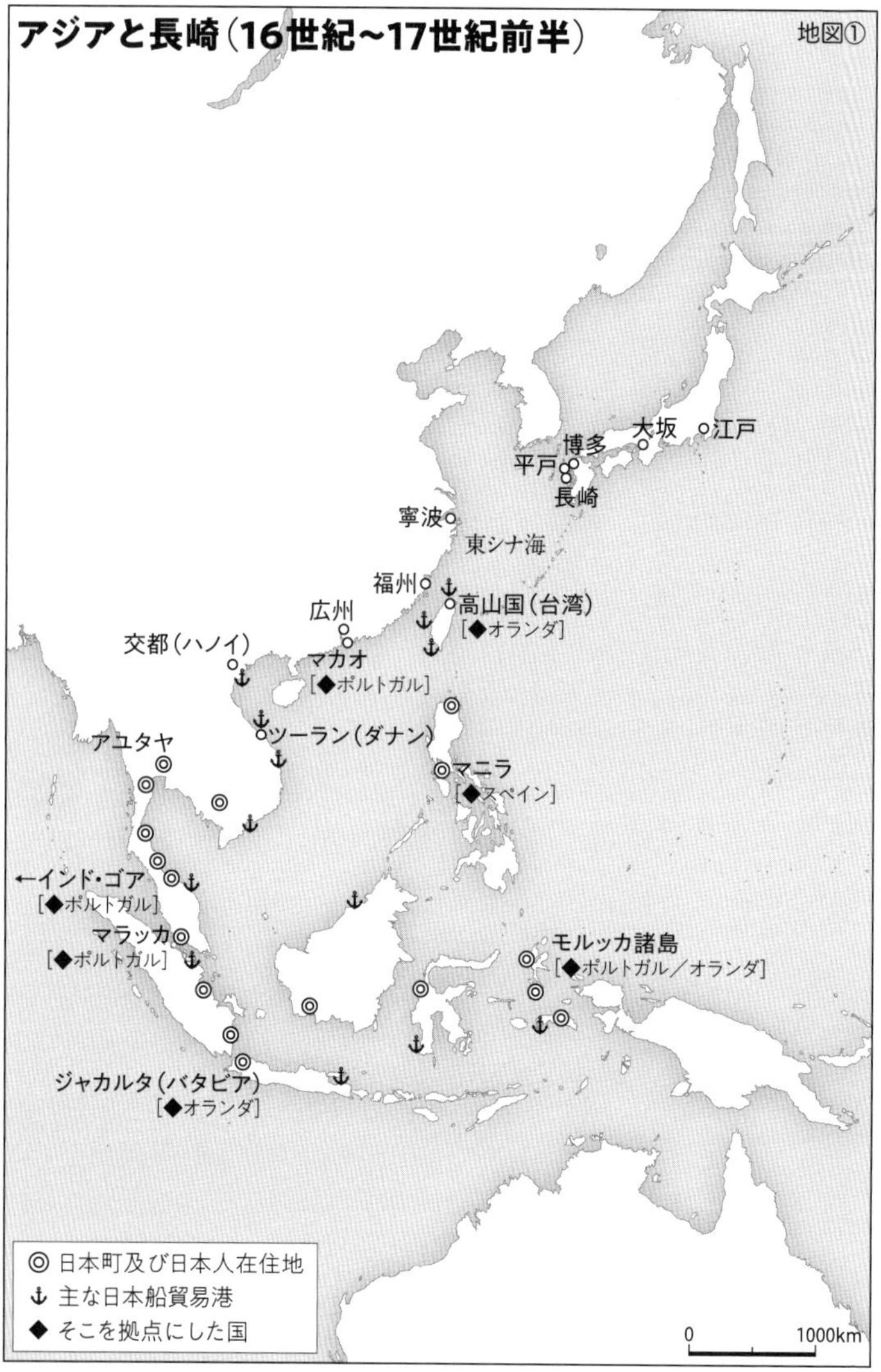
アジアと長崎(16世紀~17世紀前半)
地図①
大坂
江戸
博多
平戸
長崎
寧波
東シナ海
福州
高山国(台湾)
[◆オランダ]
広州
交都(ハノイ)
マカオ
[◆ポルトガル]
ツーラン(ダナン)
アユタヤ
マニラ
[◆スペイン]
←インド・ゴア
[◆ポルトガル]
マラッカ
[◆ポルトガル]
モルッカ諸島
[◆ポルトガル/オランダ]
ジャカルタ(バタビア)
[◆オランダ]
◎ 日本町及び日本人在住地
⚓ 主な日本船貿易港
◆ そこを拠点にした国
0
1000km

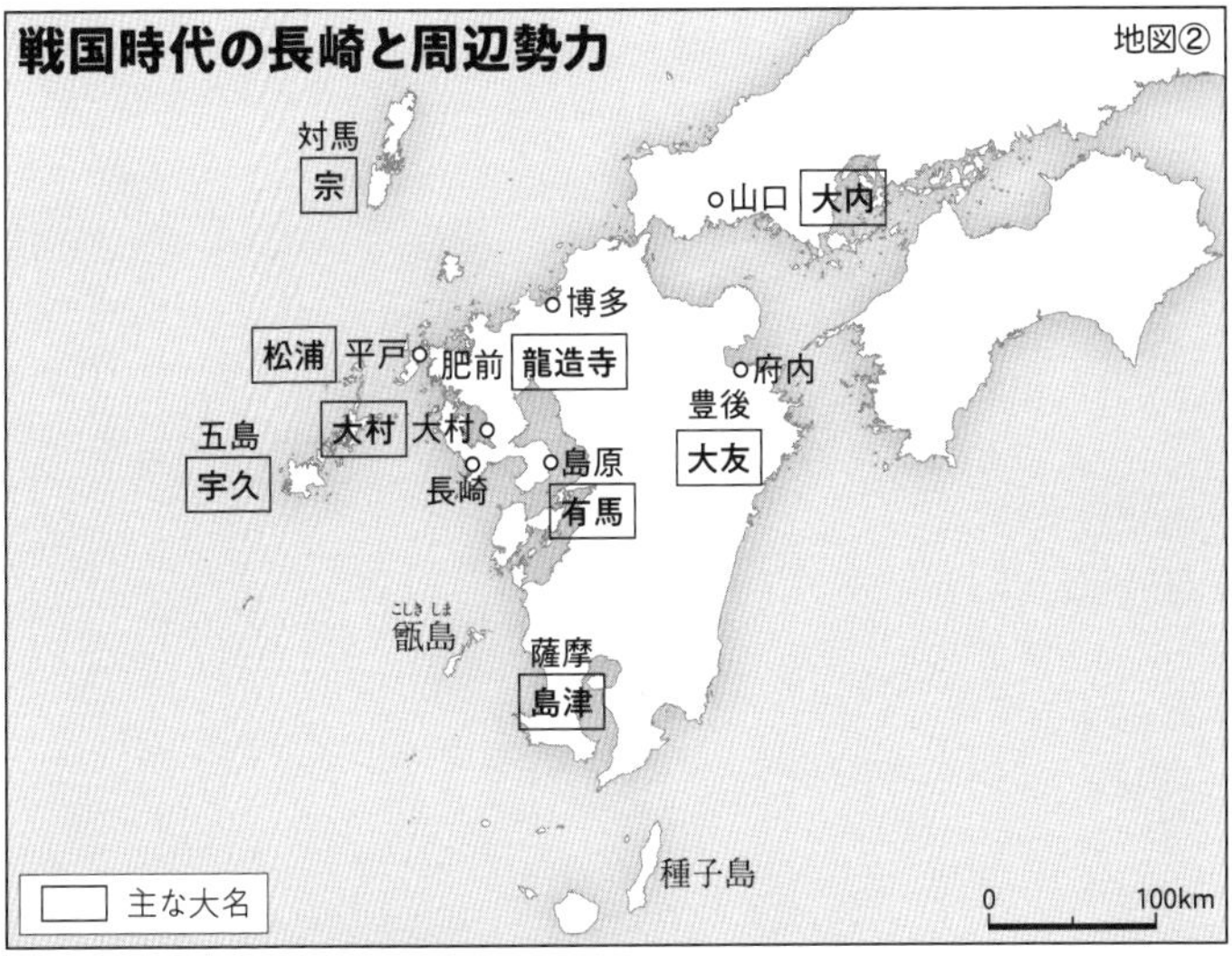

戦国時代の長崎と周辺勢力

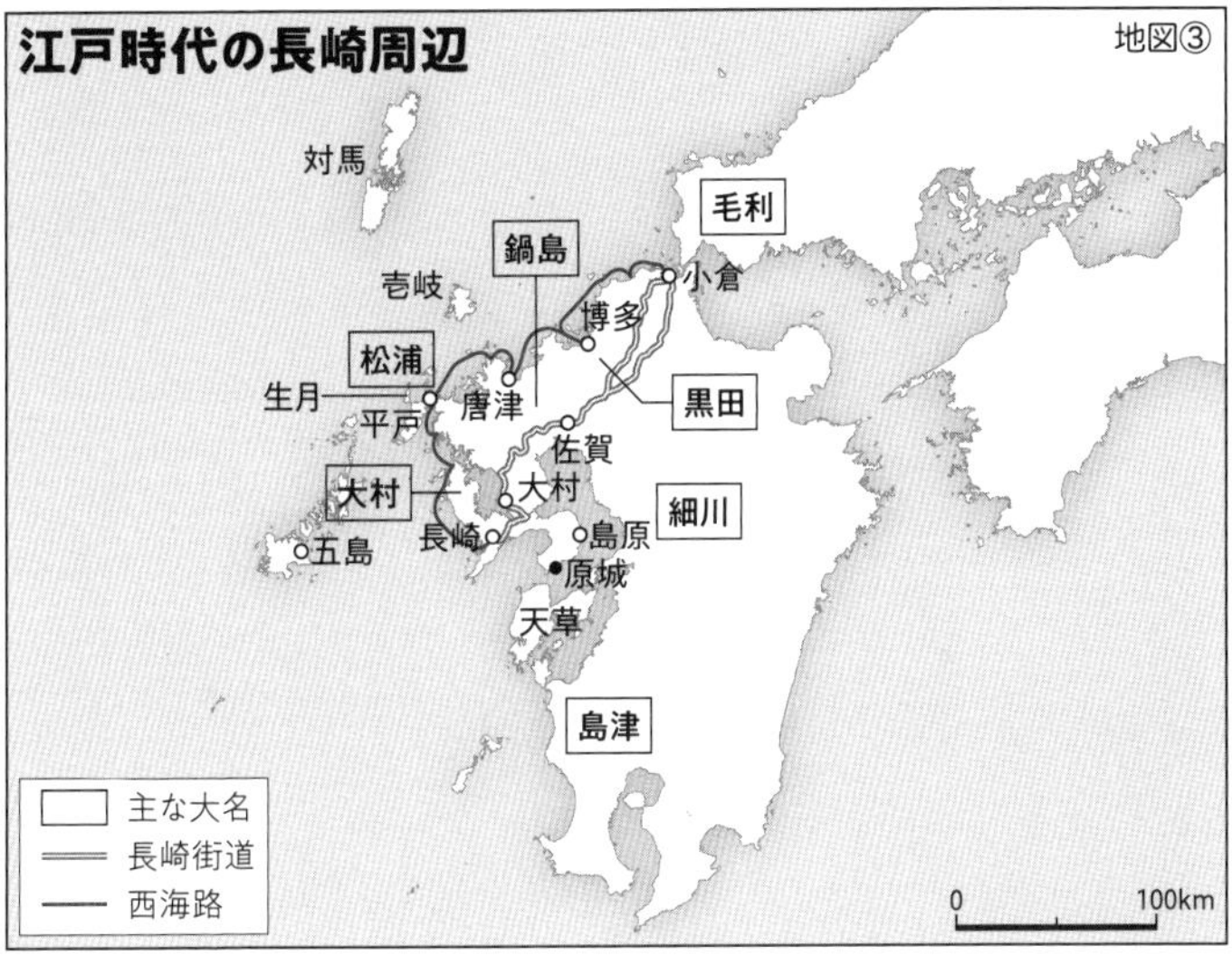

江戸時代の長崎周辺

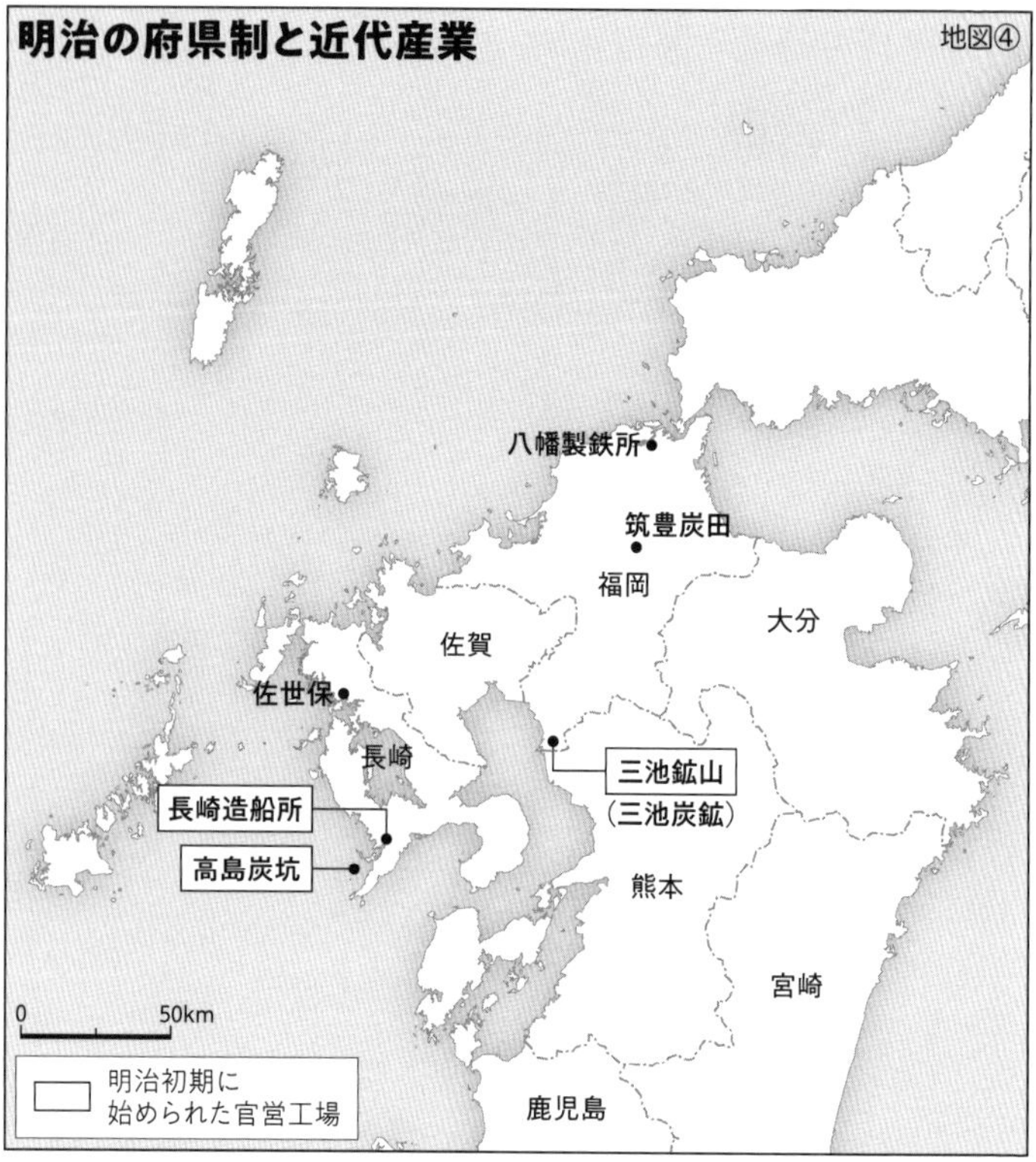

明治の府県制と近代産業
地図④
八幡製鉄所
筑豊炭田
福岡
佐賀
大分
佐世保
長崎
三池鉱山
（三池炭鉱）
長崎造船所
高島炭坑
熊本
宮崎
鹿児島
0
50km
明治初期に
始められた官営工場

すごい長崎　日本を創った「辺境」の秘密　目次

装画　カシワイ
地図製作　アトリエ・プラン
文中イラスト　著者
文中写真　該当箇所に表記のないものは著者
２０１６年８月９日から12月９日まで13回にわたって『ウェブ考える人』に連載された「長崎ふかよみ巡礼」の原稿を大幅に加筆修正した。

すごい長崎

日本を創った「辺境」の秘密

第一講

長崎誕生

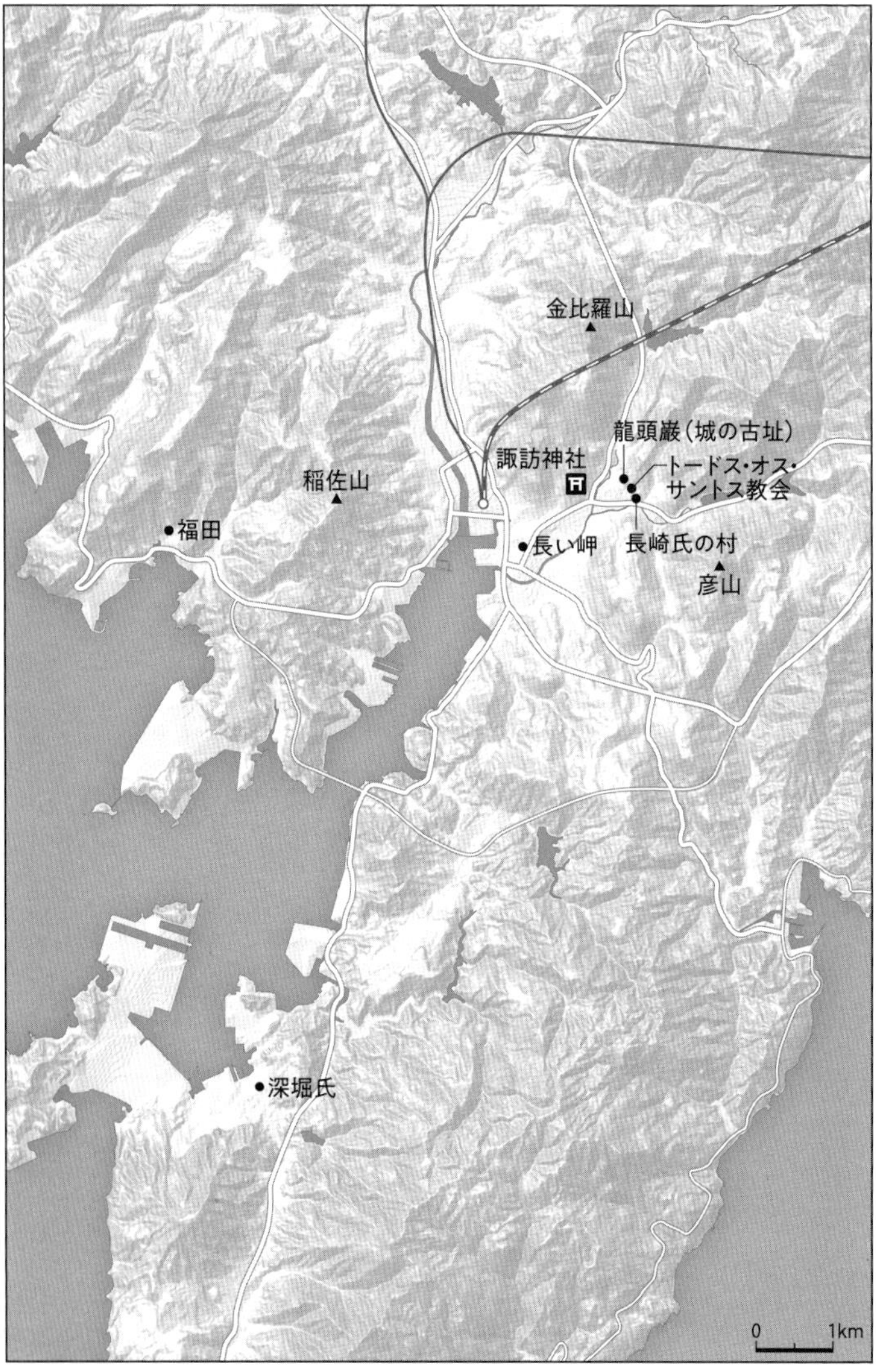
金比羅山
龍頭巌（城の古址）
諏訪神社
トードス・オス・サントス教会
稲佐山
福田
長い岬
長崎氏の村
彦山
深堀氏
0
1km

長い岬から長崎が生まれた

長崎は、なぜ長崎というのだろう。

その由来は、鎌倉時代に「長崎氏」がやってきてこの地を治めた、あるいは元からこの地にいた領主が「長崎」を名乗っていたからともいう。前者にしても「この地に来たあと、地形から名前を付けた」との説もあり、はっきりとは決着していない。いずれにせよ、日本列島の西のはじっこで、東シナ海に向かうリアス海岸の深い入り江のひとつ、長崎湾の奥に突き出す「長い岬」の姿が、大きく影響していたことだろう。現在は周りをすっかり埋め立てられてビルの海に呑まれているが、標高図には足の爪先のような台地が浮かんでいる。当時の地形を想像すれば、たしかに「長い岬！」と指差したくなるだろう。「長い岬」を北部九州風に言えば「ナガカミサキ」「ナンカミサキ」であり、やがて「ナンガサキ」「ナガサキ」になったという。

湾の内側とはいえ、波に洗われる吹きさらしの岬は、あえて住む場所とは思われなかったのだろうか。歴代の長崎氏の城と村は「長い岬」ではなく、その付け根のもっと奥にあった。目の前の「彦山《ひこさん》」から朝日が昇り、夕日は湾を挟んだ「稲佐山《いなさやま》」に沈む。

現在の長崎市は、市域の拡張や市町村合併でずいぶん広くなった。とはいえ長崎の人が皮膚感覚で「長崎」と呼ぶのは、昔々の長崎氏が城から見渡していた、彦山の朝日と稲佐山の夕日のあいだの、三キロ四方ほどの範囲だ。三方を山に囲まれ、前には遠く港を望む……はずだが、いまは町の建物でほとんど見えない。城があった一帯は「城《しろ》の古址《こし》」と呼ばれ、背後の山並みを龍に見立てた〝頭〟にあたる大きな岩は、古来「龍頭巌《りゅうとうがん》」(「りゅうずがん」とも)と神聖視されていた。

長崎の古名のひとつを「瓊浦《たまのうら》」という。天孫降臨の地、瓊瓊杵尊《ににぎのみこと》の伝説からともいうが、さすがに大風呂敷を広げすぎだろう。それでも緑の山々に包まれた海は、宝の珠のように輝いている。そこに突き出す「長い岬」からは、古墳時代の鏡や石棺、中世の墓地や五輪塔などが発掘された。先端の小さな森には「森崎」あるいは「杵《きね》崎《さき》」なる神が祀られていたという。「長い岬」の周辺には、少ないながらも縄文人の生活の痕跡があり、伏《ふ》した大蛇のような岬は、彼らの目にも特別なものに映ったことだろう。古今東西の岬が聖地と

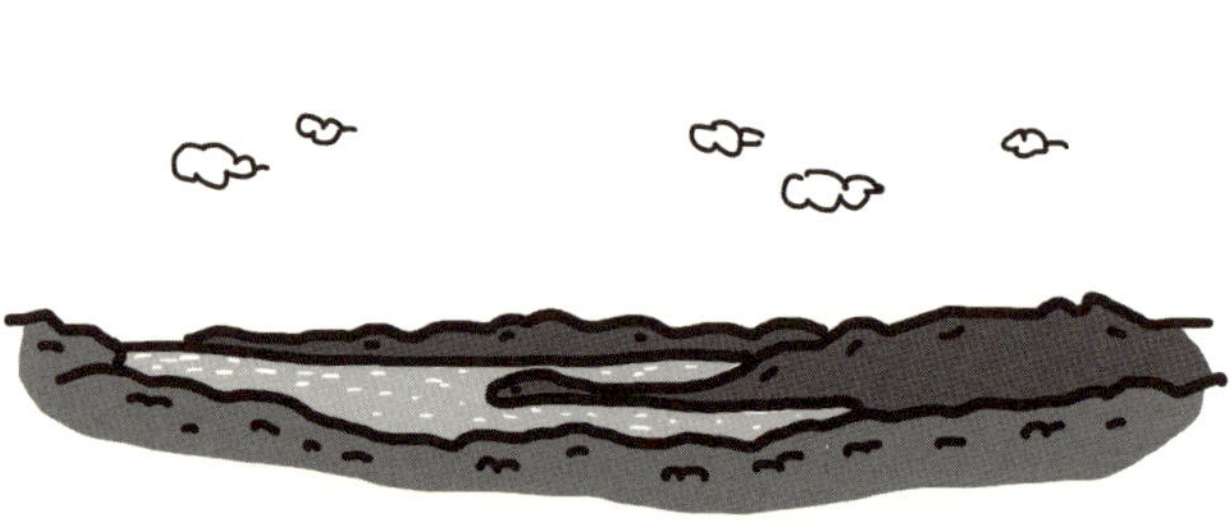

されてきたように、この「長い岬」もまた、陸と海、日常とは異なる世界とのつなぎ目だと認識されていたはずだ。

しかし古代から中世にかけての長崎について、リアルタイムの記録はほとんど残されていない。古くから人の行き来はあったようだが、特に目立つ存在でもなかったのか、日本史の地図では空白の時代が続いている。戦国末期までの長崎は、日本の九州の北西岸にある、深い入江と長い岬の奥の小さな村だった。

ザビエルはどこを目指して来たのか

十五世紀の末ごろから、羅針盤による遠洋航海技術と、火薬を使う強力な武器を手にしたポルトガルが、アフリカからインドへと船を進めていた。それまでイスラム商人を通していた香辛料などの貿易を〝自前〟で行うため、一五一〇年にはインドのゴアに総督府を置き、セイロン（スリランカ）やマラッカ、モルッカ諸島へと勢力を広げた。明とも取引しながら東シナ海を進み、一五四三年に日本へ到達する。いわゆる種子島への「鉄砲伝来」だ。その後はマカオにも拠点を設け、日本へ船を出した。

大航海時代の波には、貿易だけでなく宗教的なエネルギーも加わった。宗教改革でプロテスタントに押されたカトリックが、非ヨーロッパ地域への伝道に乗り出していたのだ。一五三四年に結成されたカトリックの修道会であるイエズス会は、ポルトガルの支援を受けつつ、設立者のひとりフランシスコ・ザビエル（1506-1552）自らがアジアへ向かい、一五四九年に日本の薩摩（鹿児島）へ上陸した。

ザビエルが薩摩の次に訪れたのは平戸《ひらど》だ。長崎から百キロほど北、現在はおなじ長崎県にある。唐へ向かう空海（774-835）も立ち寄った島で、平安時代から続く水軍の松浦《まつら》氏のもと、古くから中国との交易があった。「鉄砲伝来」以降は唐船《とうせん》を利用したポルトガル貿易の拠点となり、一五五〇年にはポルトガル船が入港した。ザビエルはこれに自分宛の手紙がないかとやってきて、滞在中は百人ほどに洗礼を授けたという。その後、博多や山口、京都など日本各地を回ったが、長崎には一度も来ていない。ザビエルがいたころの長崎はまだ、深い入江の奥の小さな村だった。

平戸ではポルトガル船入港から十二年ほど、布教と貿易が行われた。しかし領主の松浦氏は改宗せず、仏教勢力からの反発も次第に高まった。日本とポルトガル双方の商人が争った死傷事件を機に、ポルトガル船は平戸から離れることにした。

そこで港を用意したのが、松浦氏の南隣に陣を張る大村純忠《おおむらすみただ》（1533-1587）だ。純忠の本拠地はいまも「大村」と呼ばれ、その領地の多くに接する大村湾には、世界初の海上空港・長崎空港が浮かんでいる。

純忠はまず、一五六二年に「横瀬浦《よこせうら》」を開く。いま見れば小さな入江だが、純忠の城と外洋を結ぶ、東シナ海との中継地だ。翌年にはここで洗礼を受け、日本初のキリシタン大名となった。貿易も布教も順調だったが、純忠に不満を持つ勢力から焼き討ちにあい、新しい港は一年で失われた。

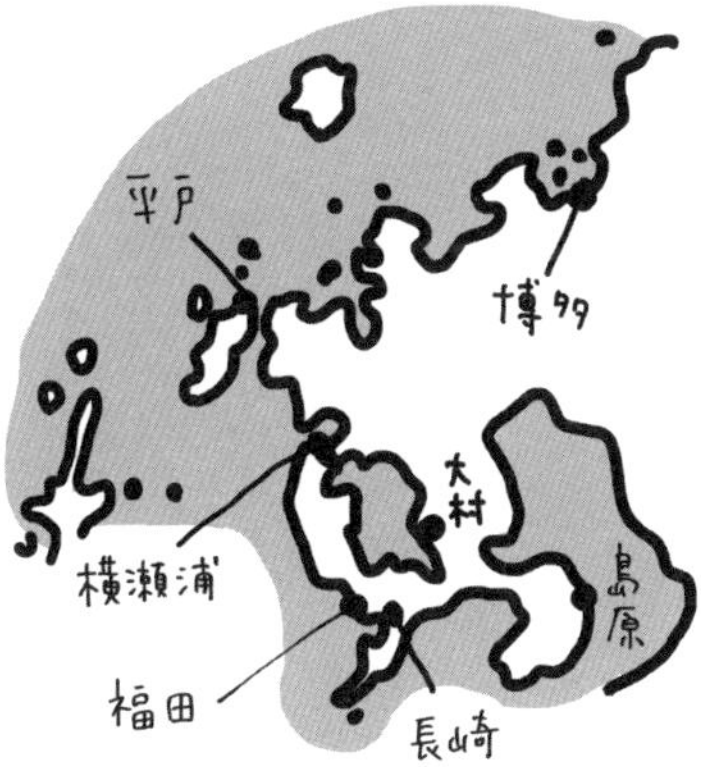

一五六五年、純忠は次の港を開いた。横瀬浦から外洋側を五十キロほど南下した「福田《ふくだ》」である。しかし今度は平戸の松浦氏と堺の商人が、船団を組んで攻撃してきた。この時はポルトガル船の大砲によって勝利したが、海をさえぎるものがない福田は、それでなくとも波風が強く、船が着けられないことがよくあった。ポルトガル勢は次の港を探し始め、福田からひと山越えた深い入江に目をつける。水深も充分で、波止場になりそうな岬もあるではないか。

それが長崎だった。

当地の領主・長崎甚左衛門純景《ながさきじんざえもんすみかげ》（1548？－1622）は、近隣勢力からの攻撃に備えて大村純忠の家

図4　アルメイダ記念碑

図5

臣となり、洗礼も受けていた。一五六七年にはイエズス会のポルトガル人修道士、アルメイダがやってきて、五百人ほどの住民が改宗した。次に赴任した神父は、長崎初となる「トードス・オス・サントス教会」を龍頭巌のすぐ近くに開く。「トードス・オス・サントス」とは「諸聖人《しょせいじん》」の意で、すべての聖人と殉教者のことだ。その祝日はカトリックの「死者の月」が始まる十一月一日で、日本人が重んじる祖先崇拝を意識したともいう。やがて約千五百人の住民のほとんどがキリシタンとなった。

とはいえ開港を持ちかけられた純忠は渋ったという。地形だけを見れば、長崎は天然の良港である。ポルトガル船こそ来ていなかったが、すでに唐船は来航していた。しかし外洋からの入り口には、深堀《ふかほり》氏や戸町《とまち》氏など、古くからの敵対勢力が陣取っている。福田同様、攻撃されるのは火を見るより明らかだ。

ポルトガル勢としてはトラブルがなければ、商都の博多や堺ともつながる平戸のままでよかった。横瀬浦はすぐ手狭になったろうが、一年で終わることはなかったはずだ。福田は地勢的に厳しかったが、それでも純忠にとっては長崎よりいい選択だったのだろう。けれどここで長崎開港に二の足を踏めば、大きな〝宝船〟が逃げていく。一方の宣教師たちは、貿易の港だけでなく、各地で迫害され始めたキリシタンを住まわせる土地も探していた。草っ原が広がる「長い岬」は、その点でも理想的だった。平戸入港から二十年後の一五七〇年、さまざまな事情が交差しながら、ポルトガル船の新しい港、布教と信仰の新天地として、長崎の開港協定が結ばれた。

移民たちが六つの町を作る

マカオからのポルトガル船は、夏の季節風に乗ってやってくる。それに向けて「長い岬」の開発と波止場の整備が急ピッチで進められた。岬の先端には教会が、続く草原に六つの町ができた。西側の波止場に面しているのは「平戸町」と「横瀬浦町」で、先にポルトガル船が入った港の人々が、おもに移り住んだ。岬の南側、海に近いほうは「外浦《ほかうら》町」と「ぶんち町」で、「外浦」は長崎の前に開かれた「福田」を含む〝大村領の外洋に面した地域〟を指す。それらの地域の出身者のほか、貿易の実務にあたる商人や、荷運び船などを操る海の民、

図6

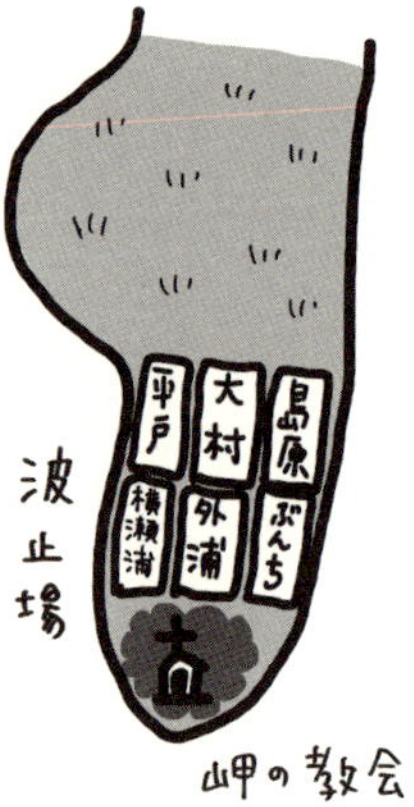

各地を追われたキリシタンが入ってきた。北側の奥まったところは「大村町」と「島原町」だ。「大村」は純忠の、「島原」は純忠の宗主・有馬《ありま》氏の本拠地であり、兵士も多く派遣されていた。両町は一段高めに造成されており、この地を統《す》べるものが誰かを表している。さらに島原町は、開港から明治が始まるまで、すべての町の筆頭である「一番町」を務めた。

「ぶんち町」については、知行の一種を「分知」と言ったとも、「文知房」なる唐人の大きな屋敷があったともされる。もし後者が本当なら、この一帯は長崎氏と村民による共同体とはまた別の、文知房のような異邦人が自由に滞在できる空間だったのではないか。長崎港周辺には、西日本各地に伝わる神功皇后《じんぐうこうごう》の伝説と地名が多く残されていることから、それを奉じた海民の往来も考えられる（左頁の図は『新長崎市史』第一巻を参考に作成）。また、岬の先端には大きなエノキの木があり、時折、市が立っていたともいう。岬の先端、陸と海との境目で、さまざまな人や物が行き交っていたのだろう。

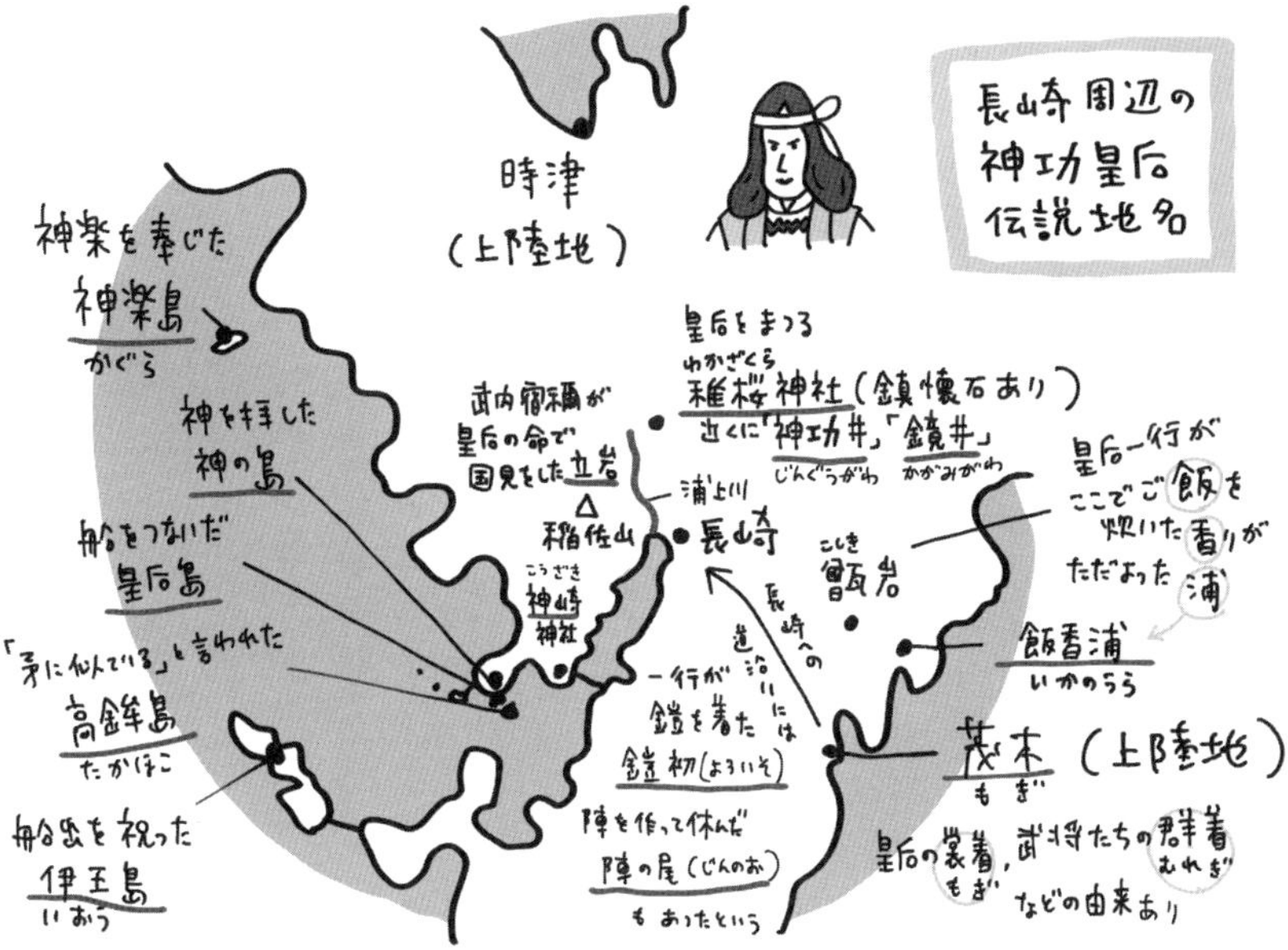

当地の主とはいえ、甚左衛門は新しい町づくりにほとんど関わらなかったらしい。南蛮貿易という〝ビッグプロジェクト〟ゆえ、現地の意向が考慮されなかった面が大きいようだが、元から甚左衛門の力が及ばない、特別なエリアだったのかもしれない。

新しい町と港は、長崎でなくてもよかった。けれど、長崎ほどふさわしいところもなかった。貿易の利益は魅力的だが、布教の問題や国防上の懸念がある。とてつもなく大きく、しかし危うさも孕《はら》む力を、既存の都市や町が受け入れることは難しい。そこに浮かび上がったのが、どこからも遠い西の果ての、三方を山に囲まれた深い入江と岬だった。

一五七一年、光り輝く港に、初めてのポルトガル船が入った。

はるか異国の巨大なエネルギーが、自由な「長い岬」に接続されたとき、信仰と貿易による、まったく新しい町「長崎」が誕生したのだ。

教会の跡地には重要な施設がある

現在の「長い岬」を歩いてみよう。距離は一キロほど、ただ歩くだけなら二十分くらいだ。有名な観光地のグラバー園や眼鏡橋、平和公園は見当たらないし、多くの観光客が利用する路面電車も止まらない。「むかし修学旅行で来ましたー」という人の記憶には、たぶん存在しないだろう。

スタートは、岬の付け根の「諏訪《すわ》神社」だ。長崎の氏神「おすわさん」として親しまれており、龍踊《じゃおどり》やコッコデショ（太鼓山）で知られる「長崎くんち」は、この神社の秋の大祭だ。「長坂《ながさか》」と呼ばれる長い石段を登った先に広がる森は「諏訪の杜《もり》」で、樹齢数百年級の大きなクスノキを中心に、たくさんの木々が茂っている。かなり市街地化されてはいるが、本殿の奥はいまだに禁足の地だ。

この森には開港以前から神仏習合の「神宮寺《じんぐうじ》」があり、背後の山に数十の宿坊《しゅくぼう》を擁《よう》していたという。諏訪神社が置かれたのは、キリスト教が禁じられて十年が過ぎたころの一六二五年で、いまより少しだけ東にあったものが、一六四八年に現在の地に移った。諏訪大神とあわせ、「長い岬」先端にあった森崎大神と、また別の岬を守っていたという住吉大神も祀られている。

明治の初めには、諏訪神社のそばに「長崎公園」が開かれ、日本初の噴水が上がり、長崎博覧会が行われた。ぼた餅が名物の茶屋はいまも賑わい、小さな動物園には平成の中ごろまでタロウという熊がいた。公園とその周辺には、いくつもの文学碑や銅像が立っている。公園下の大きく特徴的な建物は「日本銀行長崎支店」だ。この地には明治期に「缶詰試験所」が作られたことから「日本最初の罐詰製造の地」の碑がある。

図８　諏訪神社

おなじ森の中に、禁教前は「山のサンタ・マリア教会」とその墓地があった。当時は港からよく見えたので、船員たちの崇敬《すうけい》が厚かったという。教会が壊された跡には「長崎奉行所立山役所」が設けられて町の統治の拠点となり、幕末以降は「英語伝習所」や「知事公舎」「長崎県立美術博物館」へと移り変わった。現在は立山役所の建物を一部復元した「長崎歴史文化博物館」で、お隣の「長崎県立長崎図書館郷土資料センター」とともに、多くの記録と記憶を保管している。第二次世界大戦中には、日本銀行長崎支店の場所に県の憲兵隊本部、歴史文化博物館裏手の防空壕に県防空本部が置かれ、原爆投下で県庁が焼失した際には知事室となった。

諏訪の杜の道

現在の「諏訪の杜」はここまでだ。近年は御神木の巨樹の間を走り抜ける道路が、静かな人気を集めている。

長崎歴史文化博物館から歩いてすぐの「サント・ドミンゴ教会跡資料館」にはぜひ立ち寄ってほしい。禁教前の長崎には多い時で十を超える教会があり、「小ローマ」とも称されていた。そのすべてが徹底的に破壊されたが、ここには教会の石組地下室や石畳の回廊などの遺構が保存展示されている。興味深いのは、四百年分の地層が収められたショーケースだ。一六〇九年に教会が建てられた地面、一六一四年の禁教令で破却《はきゃく》された教会の瓦礫を埋めた層、跡地に作られた代官屋敷時代の層、一六六三年の大火で焦げた層などの重なりに、「長い岬」の歴史の深さを実感するだろう。

明治以降は小学校が置かれ、現在は「長崎市立桜町小学校」となっている。教会の遺構は校舎の建て替えの際に発見されたが、大半は埋め戻された。校舎の一角にある資料館で展示されているのは、ほんの一部だ。教会の建物があったところは運動場となり、子どもたちが走り回っている。

図10　サント・ドミンゴ教会跡資料館

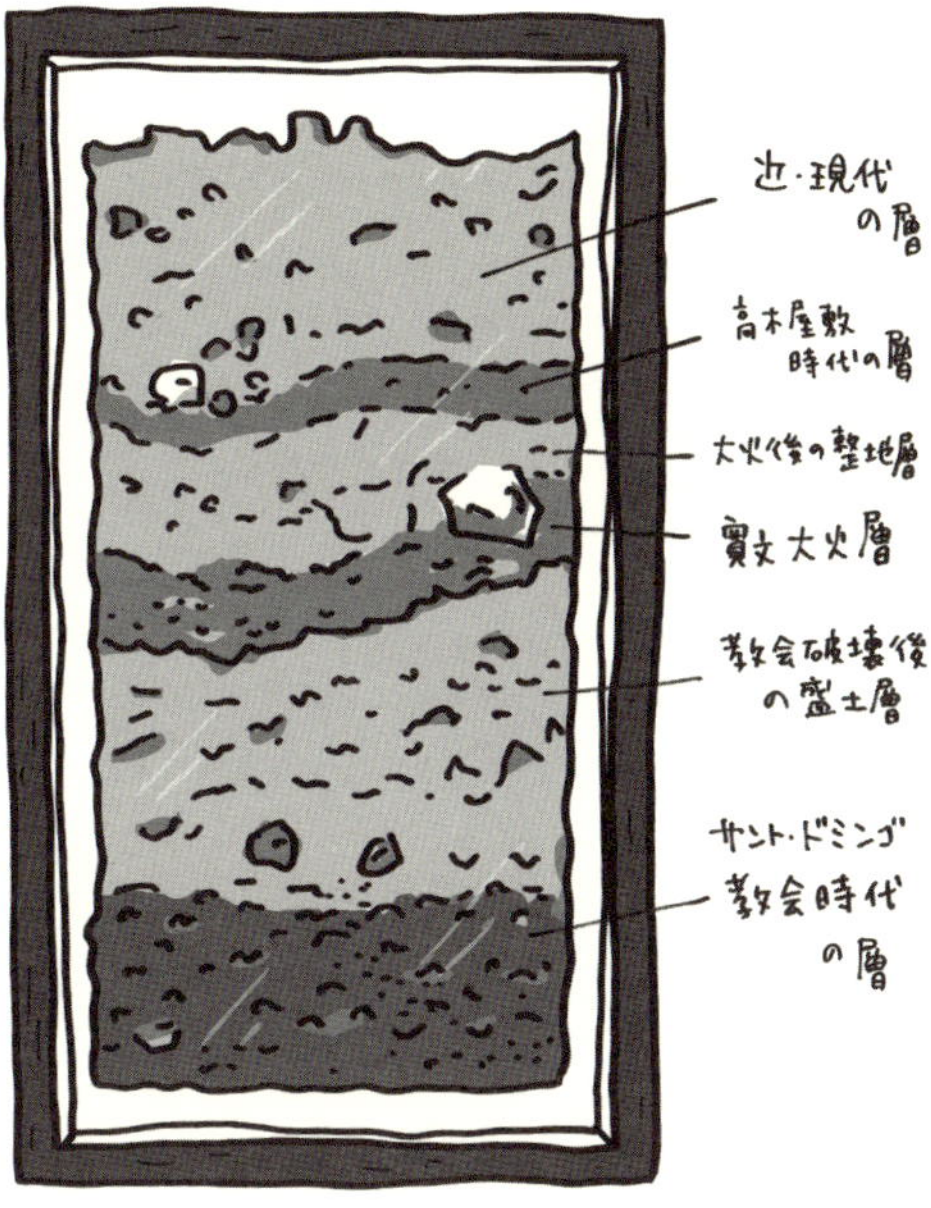

小学校から立体交差の「櫻橋《さくらばし》」を渡ると、かつての「クルス町」だ。もとは大きな十字架《クルス》が立つ墓地があったという。一六一一年に「サン・フランシスコ教会」が建てられた地は、禁教後は牢屋敷と拷問所になり、幕末に至るまで多くのキリシタンも収容された。明治に入ってもしばらくは監獄が置かれ、のちに「長崎税務署」「長崎商工会議所」となり、一九五三年には長崎初の民放局「長崎平和放送（現・長崎放送）」が開局。ラジオ放送を開始した。昭和中期からは水道局や保健所が入る「長崎市役所別館」だったが、道向かいの本館とともに、二〇二三年に移転した。拷問所の下を流れた小川は、いまも「地獄川」と呼ばれている。

歴史が上書きされていく岬

六つの町からスタートした新しい長崎は、人口の増加とともに町が増え続けた。町の名前には「金屋町《かなや》」や「紺屋町《こうや》」「酒屋町」「大工町」など商売や職業にちなむもの、「築町《つき》」「引地町《ひきち》」「堀町」といった土地の造成や地形によるもの、「豊後町《ぶんご》」や「本博多町《もとはかた》」「五島町」「樺島町《かばしま》」などの住民の出身地に由来するものがある。現在の「長崎市立図書館」一帯は、博多からやってきた商人の末次興善《すえつぐこうぜん》が開発したので「興善町」という。息子の平蔵《へいぞう》は後に長崎代官となり、巨大な富と権力を築いた。この地の来歴も多種多様で「武具蔵跡」「唐通事会所跡」「活版伝習所跡」のほか、松尾芭蕉（1644－1694）の弟子である「向井去来《むかいきょらい》生誕の地」の石碑も立つ。明治から平成の半ばにかけては小学校が置かれ、原爆投下後にこの一帯が全焼すると、焼け残った校舎は救護所として使われた。

図書館の斜め向かいは「住友生命長崎ビル（現・TBM長崎ビル）」だ。長崎の町作りや貿易には、大坂や堺の人々が深く関わっていた。「住友」といえば、銀や銅を精錬から手がけた大坂の豪商である。貿易の主力輸出品はまさに銀や銅であり、長崎にも支店があった。なぜか〝大坂町〟は現れなかったが、かつて大きな力を持っていた「住友」の気配が、いまもそびえている。

図12　ミゼリコルディア本部跡

すぐ裏手の「長崎地方法務局」には「ミゼリコルディア本部跡」の碑が見える。「ミゼリコルディア」とはポルトガル語で「慈悲」のこと。キリスト教の教えに基づき運営された医療・福祉施設は「慈悲屋」と呼ばれた。このリーダーも、堺からやってきた金細工師の夫婦だった。重病人や身寄りのない高齢者、寡婦《かふ》などを保護した

「慈悲屋」は、禁教後も五年ほど残されていたが、破壊されて仏寺になる。お寺はその後移転して天満宮になり、天満宮は原爆による火災で失われ、また別の場所に移った。前にある古い石段は、お寺の名前のまま「大音寺坂」と呼ばれている。

法務局から「長崎地方検察庁」「長崎地方裁判所」にかけての道は、大著『日本史』を記した宣教師ルイス・フロイス（1532-1597）にちなんで「フロイス通り」と名付けられている。フロイスはその先の岬の教会に長く滞在していたので、この道もよく歩いたことだろう。開港から明治の初めまでは、町のお偉方が住む「島原町」であり、鎖国前はポルトガル人も多く暮らす「ぶんち町」が連なっていた。つまりこのあたりが開港によって作られた最初の六町であり、長崎が始まったエリアだ。しかし現在は、当時の建物どころか、六つの町の名前のひとつも見当たらない。

いよいよ「長い岬」の先端に着く。長崎弁で言えば「とっぺさき」だ（top of "SAKI"?）。古くは神域とされ、開港と同時に教会が建てられた。いつの時代も重要な役割を担ってきた場所であり、幅広の石碑には「イエズス会本部」と、その跡に建てられた「奉行所西役所」、幕末に勝海舟らが学んだ「海軍伝習所」の文字が並んで刻まれている。「イエズス会本部」の時代には、教会のほかにも高等教育機関のコレジオや印刷所、付属墓地などがあった。現在は、開港から禁教までの教会や施設を「岬の教会」と総称している。

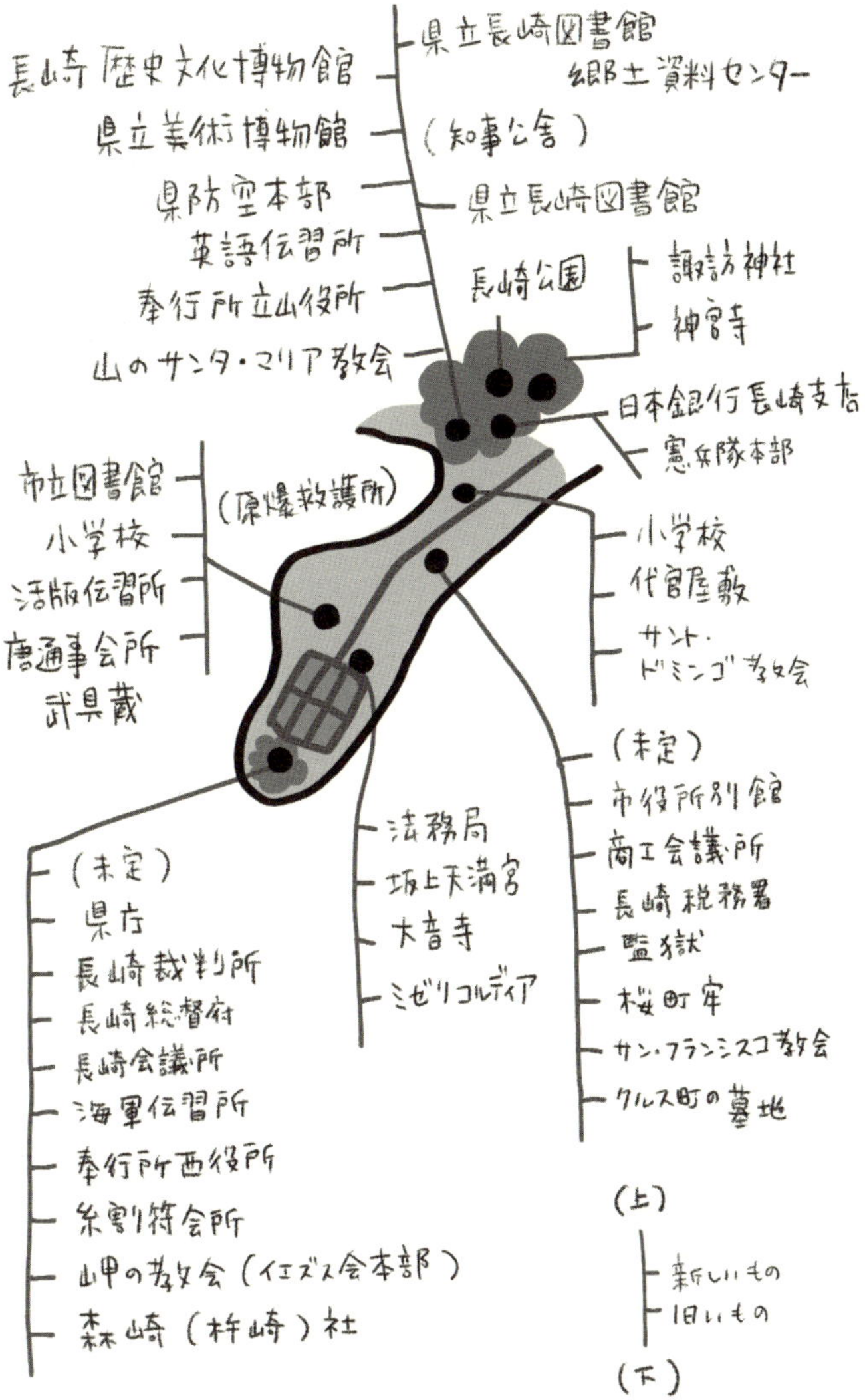

県立長崎図書館
郷土資料センター
長崎歴史文化博物館
県立美術博物館
（知事公舎）
県防空本部
県立長崎図書館
英語伝習所
長崎公園
諏訪神社
奉行所立山役所
神宮寺
山のサンタ・マリア教会
日本銀行長崎支店
憲兵隊本部
市立図書館
（原爆救護所）
小学校
小学校
活版伝習所
代官屋敷
唐通事会所
サント・ドミンゴ教会
武具蔵
（未定）
市役所別館
商工会議所
法務局
（未定）
坂上天満宮
長崎税務署
県庁
大音寺
監獄
長崎裁判所
ミゼリコルディア
桜町牢
長崎総督府
サン・フランシスコ教会
長崎会議所
クルス町の墓地
海軍伝習所
奉行所西役所
（上）
糸割符会所
新しいもの
山甲の教会（イエズス会本部）
旧いもの
森崎（杵崎）社
（下）

明治初期から平成の終わりまでこの地を占めた長崎県庁は、二〇一八年に移転した。「長い岬」の極点は、二〇二四年現在、ポカンと空き地になっている。川を挟んだ向こうに見える瓦屋根は、復元が進む出島だ。

「長い岬」の付け根から先端まで、およそ一キロを歩いてみた。あれもこれもとぎゅうぎゅう詰めで、いちど読んだだけでは、なにがなにやらだろう。狭い土地の中で、まさに現在もスクラップアンドビルドが繰り返されている長崎は、時に大切なものを破壊し、地中に封じながら、幾重にも〝上書き〟を重ねてきた（前頁は「長い岬」の上書き一覧）。それらの層をひとつずつ解凍していけば、どんな風景が見えてくるだろうか。日本の西のはじっこで、さまざまなものを受け入れてきた長崎の町のこれまでを、あらためて巡ってみよう。

第二講

小ローマと呼ばれた町

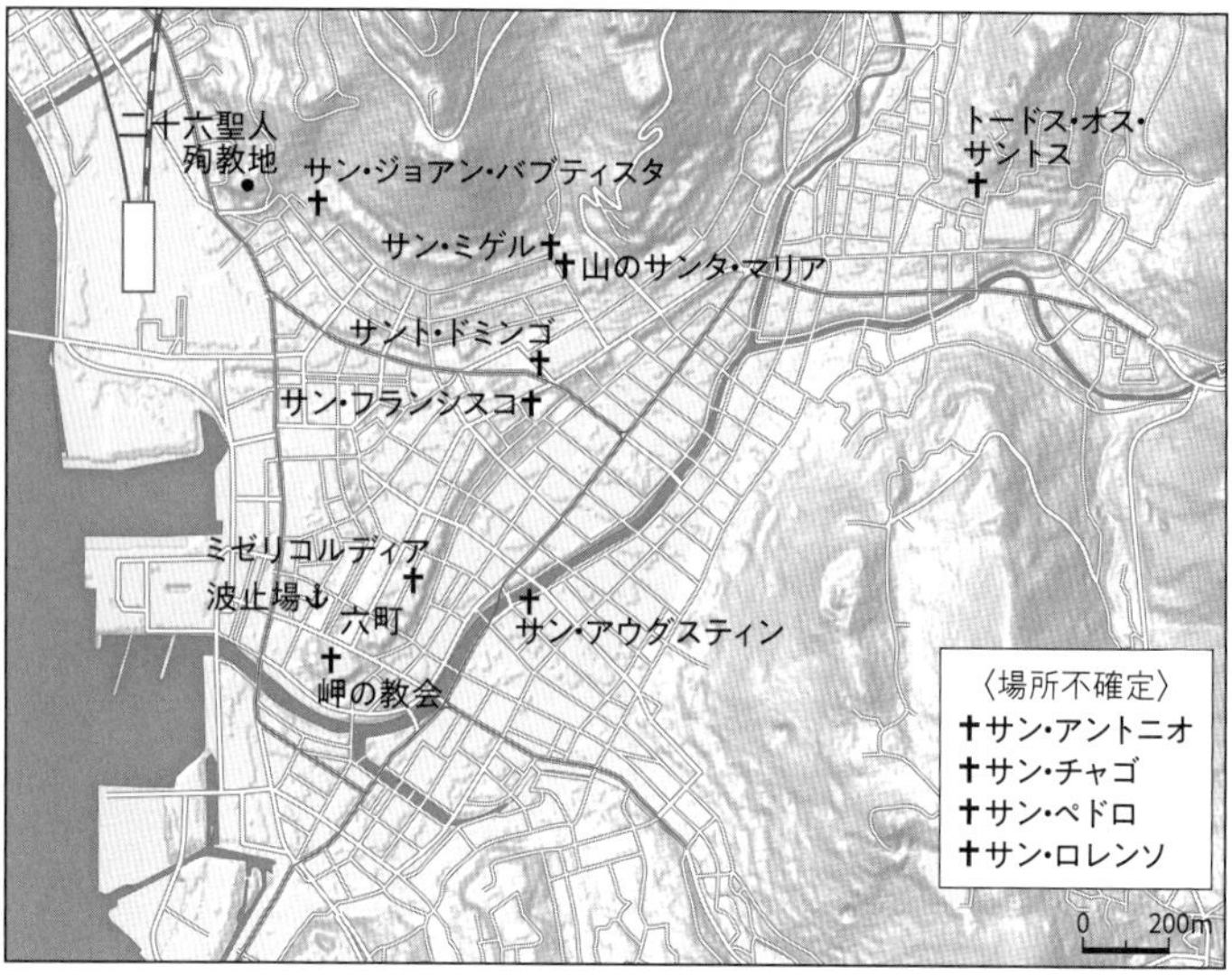
二十六聖人
殉教地
サン・ジョアン・バプティスタ
トードス・オス・
サントス
サン・ミゲル
山のサンタ・マリア
サント・ドミンゴ
サン・フランシスコ
ミゼリコルディア
波止場
六町
サン・アウグスティン
岬の教会
〈場所不確定〉
サン・アントニオ
サン・チャゴ
サン・ペドロ
サン・ロレンソ
0
200m

パンと肉の香りが漂う町

戦国時代が終わろうとする一五七一年に開かれた長崎の町では、宣教師や商人、船の水先案内や荷揚げに携わる海の人々、大村氏や有馬氏から派遣された兵士など、千人に満たないほどの人々が新たに暮らし始めた。その多くがキリシタンであり、戦乱や疫病、信仰弾圧から逃れてくる人たちもいた。長崎への亡命や避難はその後もたびたび起こり、身分の高い人が来ることもあった。貿易で賑わう都市、そして教会の〝門前〟でもある町は、混乱の世の避難所としても機能していたのだ。

ポルトガル船は年に一、二隻やってきた。当時としては順調なペースである。これにより莫大な利益を生む長崎は、領主や周辺勢力だけでなく、イエズス会や町の住民たちも含めての〝パワーゲーム〟の中にあった。一五八〇年の大村純忠によるイエズス会への寄進もその一端だ。〝外国の宗教団体に領地を渡す〟とは穏やかでないが、キリシタンである純忠が、教会という〝寺社〟に自領を託した「寺社領」だと考えれば、さほど不思議ではないだろう。イエズス会側としては、土地の所有や犯罪者の処刑が会則に触れることなどから、慎重に検討した上で寄進を受けることにした。「教会領」となった町では、守りを固める堀や塀が作られ、岬の先端には大砲が据えられた。火縄銃を扱う兵士も多くいたというから、城塞都市さながらである。

町の守りは〝内側〟にも向かった。開港から十年、町を運営していた有力町人たちとイエズス会は必ずしも一枚岩ではなく、町の住民もすべてがキリシタンというわけではなかった。寄進の翌年、住民が教会で起こした殺傷事件をきっかけに、宣教師たちは長崎から退去する構えを見せた。貿易品の倉庫も取引所も「岬の教会」の中にあるので、彼ら無くして貿易は成り立たない。町人側は教会に従う姿勢を強め、キリシタンでなかった住民も一斉改宗した。開港以前から「長い岬」の付け根の森にあった「神宮寺」は焼かれ、長崎はより純度の高いキリシタンの町となっていく（下の図は『南蛮渡来風俗図屏風』逸翁美術館蔵より）。

人々の生活には、ヨーロッパの文物がふんだんにもたらされた。パンやテンプラ、卵や砂糖をたっぷり使った南蛮菓子などの食べもの、大きくふくらんだズボン「カルサン」や、合羽の元になったマント「カパ」などの衣類や布地、オルガンやビオラといった楽器など、い

まに伝わるものも多い。和食の極みのような天ぷらは、元は〝洋食〟だったのである。

年中行事や祝祭日はローマとおなじ教会暦で行われた。聖人たちの祝日や復活祭などを日本の暦に落とし込んだ〝カレンダー〟を作ることは、宣教師の大切な役割だ。教会暦にはなかったが、元日だけは、信徒たちの強い希望で聖母マリアの祝日とされた。降誕祭や復活祭では子どもたちがグレゴリオ聖歌を歌い、ラテン語による宗教劇が上演され、人が亡くなれば、十字架を掲げた葬列が町を練り歩いた。

その一方では、不安定な要素が多い貿易の町ゆえの格差や貧困、暴力が生まれていた。一五八三年に設立され「慈悲屋」と呼ばれた「ミゼリコルディア」は、福祉活動を行う信心会だ。役員には町の有力者たちが名を連ね、住民の献金が活動を支えた。身寄りのない老人や寡婦、孤児などを保護する施設といくつもの病院、教会と墓地が作られ、長崎以外からも助けを求める人が訪れた。

ヨーロッパの城塞都市さながらとなった「長い岬」のたたずまいは、いまもその名残がある。築かれた時代はさまざまだが、台地となった岬の側面は石垣の部分が多く、歩いてたどれば当時の町の大きさを想像できるだろう。

町には多様な出自を持つ人が滞在し、生活していた。宣教師の出身地だけでも、ポルトガル、スペイン、イタリアと分かれ、商人や船乗りたちにもそれぞれの国があり、アフリカや

図15　「長い岬」下の波止場跡

東南アジアの人々も従者としてやってきた。奴隷として海を渡った先で身につけた〝語学力〟でひと儲けする日本人もいたようだ。長崎に居を構えていたあるスペイン商人は、日本人が牛肉を食べるようになり、肉の値段が上がったことを嘆いている。パンやお菓子の甘い匂い、肉が焼ける匂い、スパイスの香り。宗教裁判でポルトガルを追われ、ゴア、マカオを経て長崎にたどり着いたユダヤ人の資産家は、表向きはカトリック信徒だったが、食生活からユダヤ教徒と判断され、さらにメキシコへと逃れたという。長崎には、世界の匂いが立ち込めていた。

四人の少年がローマへ行って戻ってみると

一五八二年、長崎の港から四人の少年を乗せた船が出航する。「天正《てんしょう》遣欧《けんおう》少年使節」は、長崎の寄進を受けたイエズス会巡察使ヴァリニャーノ（1539－1606）によるもので、

図16

------ 天正遣欧少年使節の航路

図17

イタリアで描かれた伊東マンショ

大きく二つの目的があった。ひとつは、日本人の存在と日本布教の成果を〝生きた形〟で知らしめて一層の援助を引き出すこと。もうひとつは、少年たちが日本に帰国したのち、キリスト教世界での見聞を広く伝えることだ。

正使は伊東マンショ（1569頃-1612。上の図は『伊東マンショの肖像』トリヴルツィオ財団蔵より）と千々石《ちぢわ》ミゲル（1569頃-1633）、副使は原マルチノ（1569頃-1629）と中浦ジュリアン（1568頃-1633）で、いまならば中学生の年頃である。彼らは二年半の厳しい航海を経て、ポルトガルのリスボンに到着。スペインでは国王フェリペ二世に、ローマでは教皇グレゴリウス十三世に謁見《えっけん》する（図16）。行く先々で熱狂的に歓迎された彼らの姿は、数多くの書籍や絵画、記念碑に記された。漠然と世界の果て同士だった日本とヨーロッパが、四人の少年によってリアルに結ばれたのである。

少年たちがヨーロッパを旅しているあいだ、長崎と日本の状況は大きく変わっていた。出発の年には、キリスト教に理解のあった織田信長（1534-1582）が本能寺の変で死亡する。二年後には薩摩の軍勢が長崎に入り、町に居座った。一五八七年になると、少年たちを送り出した二人のキリシタン大名、大村純忠《すみただ》と大友宗麟《そうりん》（1530-1587）が相次いで死去する。同年、豊臣秀吉（1537-1598）は「伴天連《ばてれん》追放令」を出し、教会領だった長崎から薩摩を退け、直轄地とした。住民に巨額の税金を課したために貿易は混乱し、少年たちが乗るはずだったマカオ発の船はストップする。すっかり青年になった「少年」たちが長崎の港に戻ったのは、出発から八年後の一五九〇年だ。帰国後、四人は秀吉に謁見し、贈りものや西洋楽器の演奏を披露したが、たいした反応はなかったという。彼らはイエズス会の修道士となり、さらなる信仰生活へ入っていく。

「伴天連追放令」とはうらはらに、ポルトガル船との貿易に宣教師の存在は欠かせず、一般の日本人の信仰も強くは禁じられなかった。初期の宣教師たちがキリスト教の神である「デウス（ゼウス）」を「大日《だいにち》」と称したり、仏僧に似せた着物をまとっていたことから、当時のキリスト教に対する認識は〝新しい仏教の宗派のひとつ〟程度だったともいう。直轄地となった長崎でも、破壊された「岬の教会」の再建が許され、以前と変わらぬキリシタンの町の生活が戻った。このころの人口は一万人近くとされており、開港から二十年ほどで約十倍になった計算だ。貿易による繁栄に加えて、キリシタンが教義上、堕胎や嬰児を殺すことができないのも理由のひとつであった。

真冬の一ヶ月を裸足で引き回された二十六聖人

一五九六年、フィリピンからメキシコに向かっていたスペイン船が嵐に遭い、土佐に流れ着く。船にはフランシスコ会の宣教師が乗っていた。秀吉は九年前に出した「伴天連追放令」を名目に、莫大な価値の積荷を没収する。この際、宣教師が布教とともに領土征服の役割をも担っていると聞いた秀吉は、京都と大坂の宣教師やキリシタンの逮捕、処刑を命じ、フランシスコ会を中心に六人の外国人宣教師と十八人の日本人キリシタンが捕えられた。京都で片耳を削《そ》がれた一行は堺で引きまわされ、真冬の大坂を発つ。現在の兵庫、岡山、広島を通り、山口から福岡、佐賀と、一ヶ月の道のりを裸足で歩いた。京や大坂で捕えたものを、わざわざ長崎で処刑したのは、当時全国で二十万人ほどに増加していたキリシタンへの、そしてなにより長崎への見せしめであった（図18）。

一五九七年二月五日、道中で二人が加わって二十六人になった一行は、早朝の浦上《うらかみ》街道を長崎に向かう。現在の山王《さんのう》神社付近にはイエズス会の病院があり、そこで最後の休息を取った。

図18

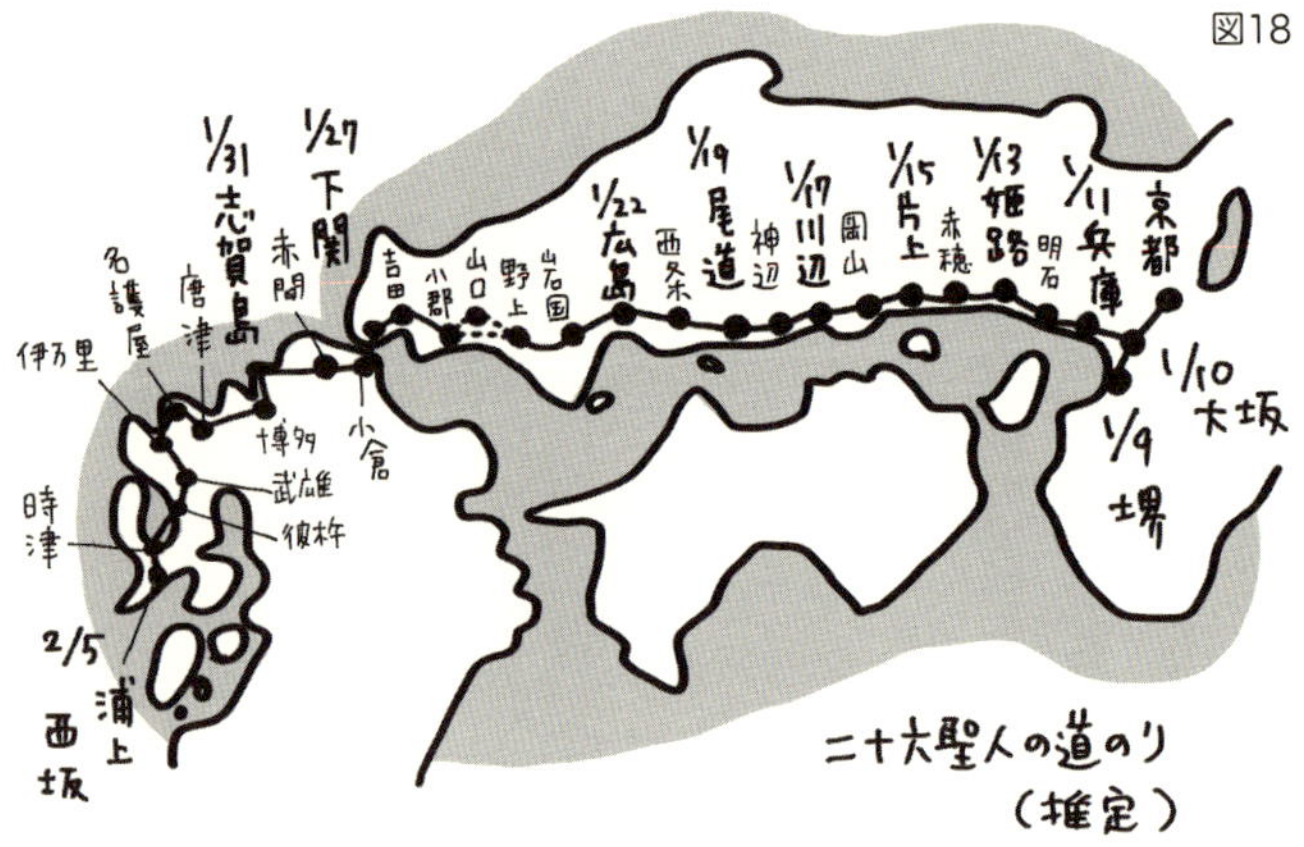

処刑は当初、一般の罪人とおなじ、港の奥にある西坂の刑場で行われる予定だった。しかし長崎に滞在していたポルトガル人たちが「天主堂を建てるかもしれない」と役人に申し入れ、もうひとつ町側の小さな岬の丘に変更された。多くの人々が外出禁止令を物ともせず刑場を囲み、家の屋根に上り、あるいは船を出して海から祈った。「岬の教会」からも、その様子は見えていた。

十字架につけられた二十六人の中には、子どもの姿もあった。十二歳のルドビコは、棄教《ききょう》による助命の提案を「終わりある短い命と永遠の命を交換するのは、意味のないことです」と断った。長崎に生まれて「岬の教会」で洗礼を受け、子どもながらも篤い信仰心を持ち、フランシスコ会に見込まれて大坂の修道院で生活していた十三歳のアントニオは、殉教者として故郷に戻ってきた。六十四歳で最年長の

図19　西坂の丘

ディエゴ喜斎《きさい》は、最後の休息の際に請願《せいがん》を立て、修道士になったばかりだ。スペイン出身でフィリピン総督使節のペドロ・バプチスタ神父は、周りの声も聞こえないほどの深い瞑想に入っていた。刑の執行役だった長崎奉行の弟は、修道士のパウロ三木と親交があった。パウロ三木は十字架の上からも説教を続け「私たちの処刑に関わる人々を心から許します」と宣言した。

二十六人の胸を槍《やり》が貫くと、群集の祈りと叫びが町を揺るがし、天をどよもした。見せしめだったはずの処刑は、町の人々を〝栄光〟の目撃者にした。二十六人の体は、夏になっても傷《いた》むことなく十字架の上にあったという。港に出入りする船は、西坂の丘に向かって祝砲を捧げ、十字架の跡には二十六本の花の木が植えられた。誕生から四半世紀、長崎は殉教者を戴く町となった。

図20

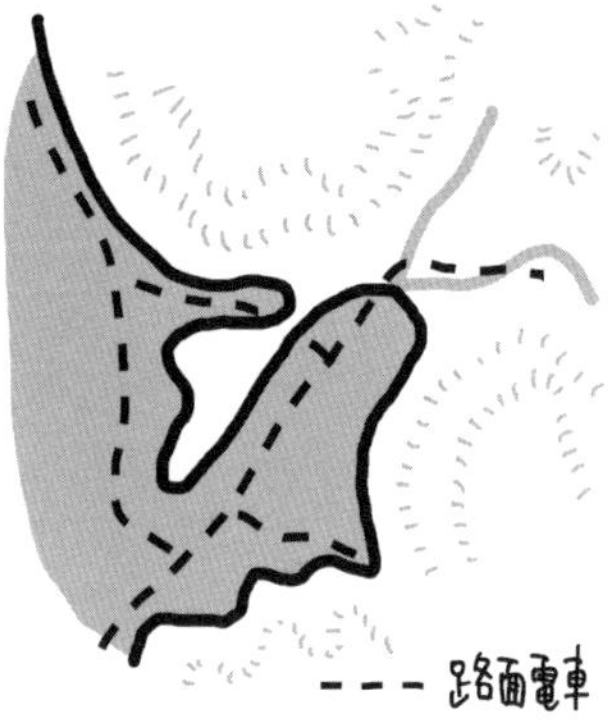

「岬の教会」で『日本史』を執筆していたルイス・フロイスは、病を押して殉教記を書き上げ、ほどなく帰《き》天《てん》する。彼の最後のレポートは、為政者による日本で初めての殉教とともに、長崎の名を世界に伝えた。

長崎甚左衛門、長崎を去る

二〇二四年現在の長崎市の人口は約三十九万人。二〇二二年に完成した地上十九階建ての長崎市役所を筆頭に、大小のビルがひしめき合っている。昔の風景をすぐに思い浮かべるのは難しいが、坂道や周りを囲む山などを目と足で追ってみると、古い町の姿が少しずつ浮かんでくる。水の流れを呼び覚ますのは路面電車だ。坂の町と呼ばれる長崎の平地はほとんどが埋立地で、電車の軌道敷の多くがそこにある。開港前の地形に路線図を重ねてみれば、長崎の路面電車が〝水面〟を走っているのがよくわかる（図20）。

開港後、貿易が栄えるとともに来住者は増え、「長い岬」だけでは土地が足りなくなってきた。そこで岬のまわりの浅瀬や潟を埋め立て、町を造成した。六つから始まった町は、約

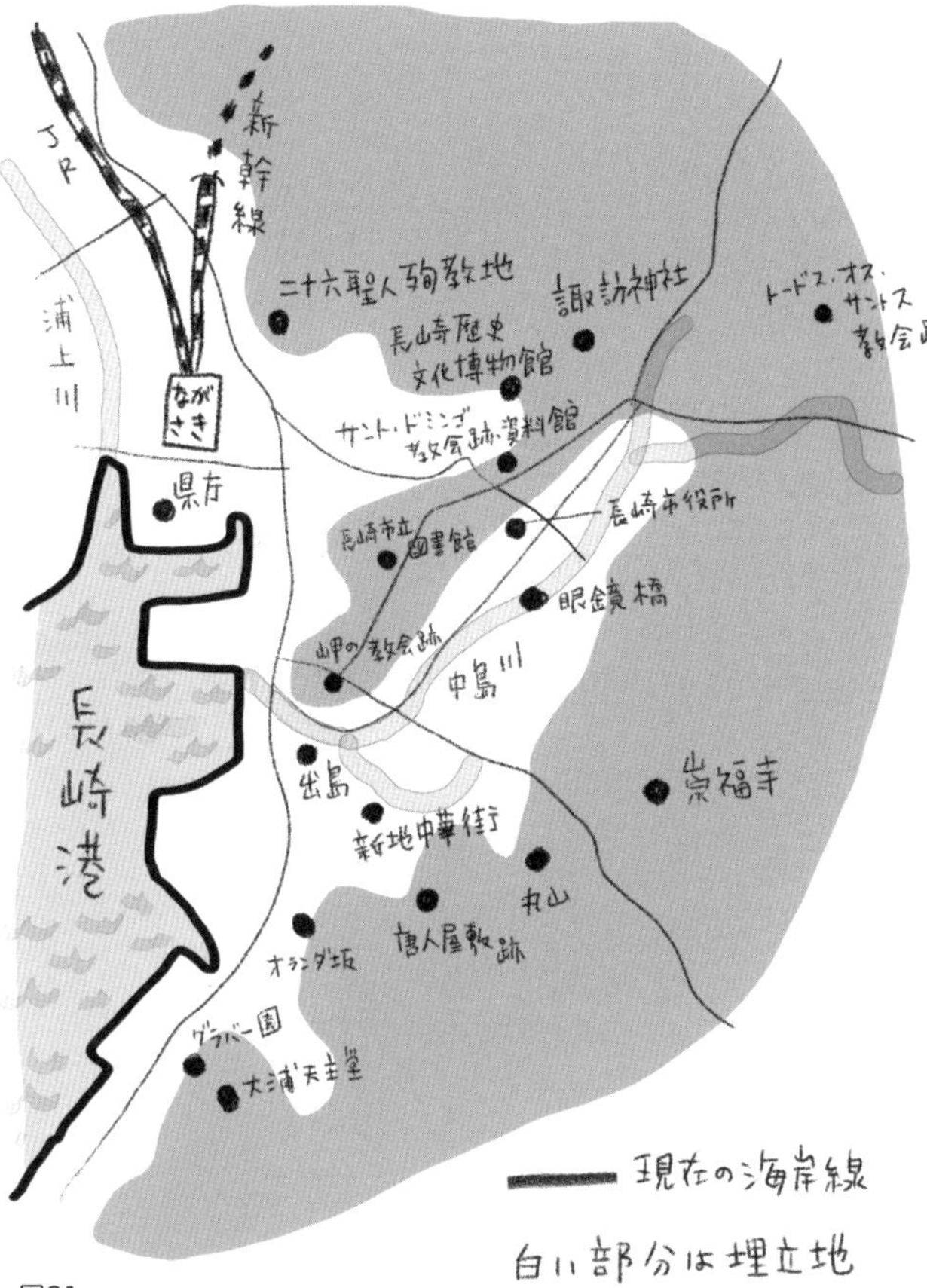
JR
新幹線
浦上川
ながさき
県庁
長崎港
二十六聖人殉教地
長崎歴史文化博物館
諏訪神社
トードス・オス・サントス教会跡
サント・ドミンゴ教会跡資料館
長崎市役所
長崎市立図書館
眼鏡橋
山の教会跡
中島川
出島
崇福寺
新地中華街
丸山
唐人屋敷跡
オランダ坂
グラバー園
大浦天主堂
現在の海岸線
白い部分は埋立地

図21

二十年後には二十三町に増えている。このうち開港時の六町に近い中心部は、土地の税金が免除される「内町《うちまち》」、その周囲に広がる町は「外町《そとまち》」とされた。町の名前は、先にできた内町が「平戸」「大村」「樺島《かばしま》」「豊後《ぶんご》」といった地名に由来するものが多いのに対し、後から造成された外町は「酒屋」「大工」「紺屋《こうや》」「鍛冶屋《かじや》」など、職業に関するものが多い。貿易と行政の中心は岬の上にとどまり、それを支える庶民の生活は、水辺を埋め立てた低地へと広がったのだ。さらに火気や薬品、皮革を扱うもの、紙や染め物など大量の水を必要とする産業、芝居小屋や遊女屋は、より周辺部に置かれていく。内町は長崎奉行、外町は長崎代官が治めた。

一六〇三年に江戸幕府が開かれると、長崎の町は幕府の直轄領になり、長崎奉行が支配した。秀吉に気に入られて長崎代官となっていた村山等安《むらやまとうあん》（?－1619）は、外町だけでなく、食料供給地である周辺の村の支配をもくろむ。一六〇五年、大村領の長崎村は公領となって等安に任され、代々長崎を治めてきた長崎甚左衛門は追われるように他領へ去った。領主の大村氏としては、替え地が与えられたとはいえ、到底納得できなかったようだ。ひなびた長崎を貿易港として開いて以来、多くの困難に見舞われながらも町を発展させてきたのだから、公領となってなお〝わが長崎〟との思いがあったことだろう。日本初のキリシタン大名・大村純忠の息子である当主は、この仕打ちにイエズス会がからんでいると考え、棄教を決断する。

開港から三十年、「長い岬」に生まれた長崎の町は、まわりの潟や浅瀬を飲み込みながら背後の山まで到達した。〝親〟である長崎甚左衛門と大村家からもひとまず離れ、代官の村山等安が実質的な主人となった。等安のはっきりした出自は不明だが、おそらく博多出身の貿易商で、莫大な財産といくつもの土地屋敷を持ち、息子たちも長崎の行政や教会に深く関わっていた。一説には、南蛮菓子作りが得意だったともいう。貿易による富と清濁《せいだく》併せのむ人間性、篤い信仰とともに生きる姿は、当時の長崎を体現しているかのようだ。

イエズス会VS托鉢修道会

このころ、町の柱のひとつであるイエズス会にも大きな変化があった。フランシスコ会やドミニコ会、アウグスチノ会といった「托鉢修道会《たくはつしゅうどうかい》」が進出してきたのだ。将軍となった徳川家康（1543－1616）が、江戸や京都、大坂での布教を托鉢修道会に許すと、彼らは長崎でも布教活動を始めた。イエズス会側はかなり抵抗したが、新しい町の住民が入信するだけでなく、古くからの長崎の住民にも宗旨《しゅうし》替えする者が出てきた。しばしば目にするイエズス会士たちの贅沢な生活や権力争い、日本人が教会の要職に就きにくいことなどへの不満が高まっていたのだ。

イエズス会士が黒々とした威厳のある服をまとい、壮麗な儀式を行っていたのは、そのようなものを重んじる日本人向けの方策であったし、実際、それによって信者は増えた。あるいは富と権力があればこそ、町づくりやトラブルへの対処ができた。秀吉が町の住民に巨額の税を課したときも、教会はかなりの援助をしてきたのだ。しかしそれが当たり前になれば、威厳や権力はなんだか偉そうに見えてくる。そこに清貧《せいひん》を旨とする修道会士たちが裸足で現れ、下町の貧しい人々にも親しく教えを説いた。すでに裕福な暮らしをしていた住民でさえ、その姿には感銘を受ける者が多かったのだ。

大まかにいえば、長崎は「天領・内町・イエズス会」「代官領・外町・托鉢修道会」に分かれつつあった。それはまた、開港時から貿易を独占してきたポルトガル船と、家康の許可によって参入してきたスペイン船との対立でも

ある。一六一〇年には、マカオでのトラブルが発端で、日本側の軍勢とポルトガル船が長崎港で銃撃戦を繰り広げる「ノサ・セニョーラ・ダ・グラサ号事件」が起こった。しばらくは貿易も途絶え、関係修復したのちも、かつての親密さが戻ることはなかった。自ら火をつけ、大爆発とともに沈んだ船は、いまも港の底に眠ったままの可能性が高く、後の人はそこを「黒船曽根」と呼んだという。浦賀にペリーの黒船が現れる二百四十三年前のことである。

一六一四年に向け、高まる禁教のうねり

一六〇三年に江戸幕府を開いた家康は、しばらく禁教の策を取らなかった。長崎の町には教会や修道院、病院などの施設が次々に作られ、教育機関であるセミナリヨやコレジオでは、若者たちがヨーロッパの芸術や学問を学んだ。開港後に生まれ育った生粋《きっすい》のキリシタン世代も増え、キリスト教はもはや〝南蛮渡来の異国の神さま〟を超えて、長崎の土地や人々と分かちがたいものになっていた。日本人の司祭も誕生するようになり、家々の祭壇には、日本人の画工による聖画が飾られた。いまでこそハウステンボスなど、ヨーロッパの町並みを再現したテーマパークがありはするが、当時の長崎は目に見える建物ではなく、ソフトの面ですっかりヨーロッパ化した町だった（図23　1597年に有家《ありえ》のセミナリヨで描かれた銅版画『セ

図23 『セビリアの聖母』

ビリアの聖母』渡辺千尋による復刻版。南島原市教育委員会提供）。

このころ、全国のキリシタンは五十万人ほどに達していたという。キリスト教は〝神の前の平等〟を説く。それはつまり、主君や統治者よりも神が上にあるということだ。まだ不安定な幕府と諸藩にとってみれば、そのような教えが民衆だけでなく家臣にも広まっていることは不安要素であり、各地で弾圧が起こり始めた。

一六〇九年には、薩摩を追われて長崎にやってきたドミニコ会のモラレス神父（1567-1622）が、サント・ドミンゴ教会を開く。代官の村山等安が寄進した土地（現・桜町小学校）に、礼拝堂や修道院、果樹園、回廊などを作り、屋根には花十字紋をあしらった瓦を葺いた。外町にある教会としては初めて、キリストの体として聖別されたご聖体を置いたことで、多くの人々が熱心に通うようになった。

一六一二年には天領への禁教令が出され、江戸や大坂、京都などでもキリシタンへの迫害が始まる。長崎も天領ではあったが、このころは過渡期のクッションとなったようだ。貿易

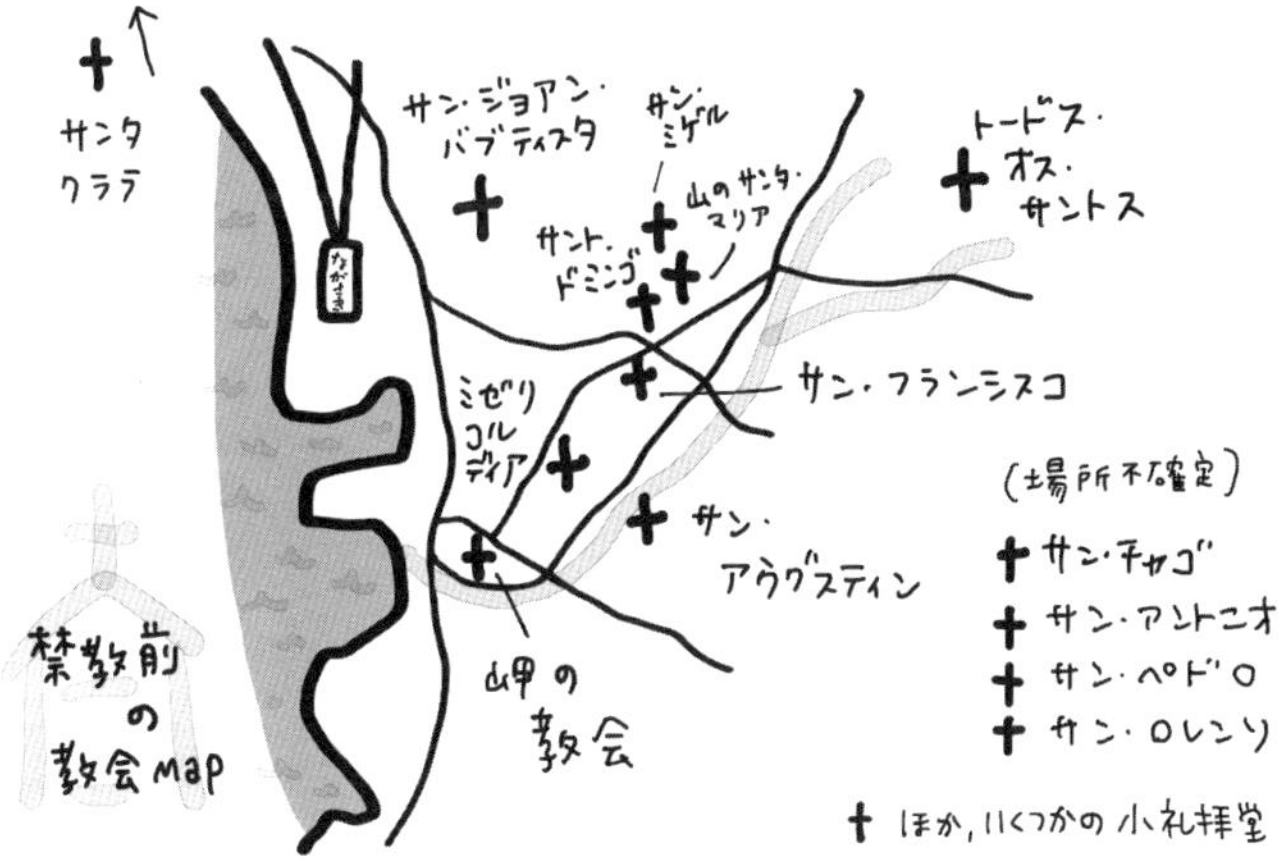

には依然として教会や宣教師の存在が必要であり、業務を担う住民たちを一斉改宗させるのも現実的ではなかった。各地で追われた宣教師やキリシタンが集まり、イエズス会、ドミニコ会、フランシスコ会、アウグスチノ会など、あわせて十を超える教会が並ぶ町はまさに「小ローマ」であった。

死者も出た聖行列の熱狂

それでも、オランダやイギリスなど、貿易と布教をセットにしない国との取引が安定してくると、幕府はより一層、キリスト教を禁じるほうへと舵を切る。一六一四年の全国的な禁教令では、長崎も例外とはならなかった。

長崎はそれをすんなりと受け入れたか？　否

である。棄教しなければ拷問にかけられるとの噂が流れると、大人だけでなく小さな子供までもが、殉教を誓う証文に名を連ねた。断食や祈禱《きとう》を繰り返し、信仰の決意と贖罪《しょくざい》を表明する「聖行列《せい》」も盛んに行った。信仰のグループごとに揃いの装束を身に着け、十字架を掲げ、イエスやマリアの像を乗せた山車《だし》を担いで練り歩くのだ。高らかなトランペットが響く中、みずからを縄で縛り、鞭《むち》で打ち、剣を立てる者もあって、道には血の跡が続いた。

一六一四年五月の聖行列は、大変なものだった。毎日のように、二千人、三千人、多くは一万人を超える行列があちこちの教会から町へ繰り出し、あまりの激しさに死者が出ることもあった。行列には、代官の村山等安とその家族、町の有力者たちも参加した。禁教を機に放埒《ほうらつ》な女性関係を清算した等安は、重く大きな十字架を背負って、肩から血を流しながら歩いたという。道沿いには聖画で飾られた祭壇や祈禱所が設けられ、歓喜に包まれた群衆が行列を見守った。当時の長崎の人口は二万～二万五千人だったというから、まさに町全体が沸いたことだろう。

元をたどれば、町と港を開いたときから信仰を守り、二十六聖人の殉教も目撃した人たちだ。彼らにとっては〝たかが禁教〟だったのではないか。初夏の風の中、殉教も辞さない人々の群れは、町の隅々まで巡り歩いた。それは信仰の血と汗によって「長い岬」の記憶を呼び覚まし、生まれて間もない土地を踏み固める行進のようでもあった。

ただ、いちばん初めに開かれた「長い岬」の六町あたりは、行列を出迎えることなく、家の戸を閉ざしていた。すでに地位や財産を成していた人のいくらかは、まだ棄教はしないもののの、幕府や奉行に目を付けられることを恐れはじめていたのだろうか。

次々と壊されていく教会

宣教師の追放や教会の破壊が命じられると、信徒たちは異教徒に荒らされる前に最後のミサに集い、聖像を撤収し、墓地の遺体を掘り起こして安全な場所に移した。サント・ドミンゴ教会では、果樹園にあった大きな十字架を細かく刻み、火にくべた。各地に残っていた宣教師や有力なキリシタンは長崎に移送され、十月の末、マカオとマニラに向けて出航した（図25　マニラに移されたとされる聖母子像。サント・ドミンゴ教会跡資料館展示より）。領内にキリスト教の教育機

図25

関であるセミナリヨを作るなど、キリシタン大名の中でも特に信仰が篤かった高山右近《うこん》（1552－1615）は、マニラに着いて間もなく死去。追放されたがゆえの殉教とされた。

十一月に入ると、「岬の教会」の中でひときわ壮麗な「被昇天の聖母教会」を皮切りに、町中の教会が引き倒され、燃やされ、埋められた。美しい教会で聖像を仰ぎながら、親しい人とともにミサにあずかる日々は終わったのだ。信仰を守る覚悟はあっても、そのよろこびが失われる悲しみは大きい。絶え間ない土埃と炎が上がる中を、人々は泣きながらさまよった。十を超えたという教会の破却《はきゃく》は二週間がかりで行われ、壊されたあとに火をつけられたものもある。あっけなく瓦礫となった聖堂には、晩秋の冷たい風が吹き付けていた。

しかし追放された宣教師たちの一部は、密かに戻って潜伏《せんぷく》する。カトリックの信仰では、告解《こっかい》や聖体拝領《せいたいはいりょう》などの秘蹟《ひせき》を受けることが重要だが、それらは聖職者にしかできない。彼らは転々と居場所を変えながら活動を続けた。信徒たちも新たな組織を結成するなど、熱心な信仰生活を送っていた。教会は壊されたが、今回の禁教もまた、貿易にたずさわる長崎の住民をすぐに脅かすものではなかったのだ。しかしあくまで保留されていただけで、周辺の地域では厳しい弾圧が始まり、殉教者が増えていた。

大坂冬の陣、夏の陣が終わって豊臣家が滅んだところで、幕府はあらゆる統制と禁教の徹底を強めていった。直轄地の長崎では、町の有力者や役人に棄教する者が出てきた。父・コスメ末次《すえつぐ》興善の代から長崎で貿易や政治に携わってきた末次平蔵《へいぞう》（？－1630）もそのひとりだ。洗礼名ジョアンを棄てた平蔵は、村山等安の年貢の横領などを幕府に訴え、代官職を我がものとした。等安は長崎を追われ、江戸に送られた。

激化する弾圧と処刑

禁教令から五年目に入る一六一九年、長崎奉行は外国人も含む全市民に、宣教師を匿《かくま》わないことを宣誓させる。反すれば財産没収の上、生きながら焼き殺すという。街角には、宣教師を訴え出た者への褒美として銀の延棒が積み上げられた。棄教者を中心に自警団めいた捜索隊が現れ、何人もの宣教師とそれを世話する「宿主《やどぬし》」が逮捕された。長崎以外での弾圧も強まり、その年の十月には京都の鴨川で、幼い子供を含む五十二人のキリシタンが処刑された。

十一月には、長崎でも逮捕者の処刑が始まった。まずは五名。村山等安の息子で町の人々に慕われていたアンドレス村山徳安、ザビエルが宿を取った平戸の木村家出身のイエズス会修道士レオナルド木村、ポルトガル人の貿易商で日本人の妻や息子と「ぶんち町」に暮らしていたドミンゴ・ジョルジュ、朝鮮出兵の際に捕虜として日本に渡り、豪商の番頭となっていたコスメ竹屋、京都から移り住んだ染物職人のジョアン吉田。彼らの顔ぶれを見ていると、為政者側が「この先の弾圧に例外はない」と言っているようだ。二十二年前の「二十六聖人」は、ほとんどが長崎に縁のない人たちだった。それがいまや町のだれもが〝明日は我が身〟となったのである。

三年後には、この五人の家族や匿っていた宣教師を含む五十五人が、斬首《ざんしゅ》や火刑に処された。サント・ドミンゴ教会を開いたモラレス神父や、科学者としても知られるスピノラ神父もこの時に殉教している。その年の暮れには、かろうじて残っていた町外のトードス・オス・サントス教会やキリシタン墓地、〝慈悲屋〟のミゼリコルディアも破壊された。町の人々は、行き場のない病人を引き取り、殉教の地や教会があった場所を訪れ、信仰を誓い、祈りを捧げ続けた。

禁教後も〝修道院〟だったクルス町の牢屋

現在、ローマのジェズ教会には「元和五年（1619）」と「元和八年（1622）」の「長崎大殉教図」が収められており、どちらも当時の日本人画工が描いたものとされる。画工自身が処刑を目撃したかどうかは不明だが、絵の中の人々の顔には親しみとリアリティが感じ

図26

られる。レオナルド木村はかつて銅版画家でもあったので、一緒に絵を学んだ同期生の手によるものかもしれない。「元和五年」の殉教図（図26『元和五年　長崎大殉教図』ローマ・ジェズ教会収蔵）には、「長い岬」を中心にした当時の長崎の街並みが描かれている。いちばん古い六町あたりはほとんど剝落《はくらく》しているが、殉教者たちが収容されていた牢屋の周辺は鮮明に残っており、できたばかりであろう末次平蔵の代官屋敷も見える。竹矢来に囲まれた牢屋は、サン・フランシスコ教会の跡地であり、それ以前は大きな十字架が立つ「クルス町の墓地」だったところだ。牢屋もそのまま「クルス町の牢屋」と呼ばれ、キリシタンも多く収容された。三年ほど囚われていたレオナルド木村は、朝早くから祈禱や黙想、読書や書き物、時に断食や鞭打ちを行い、海外とも書簡をやり取りした。一六一九年に殉教するまで、牢内外の百人近くに洗礼を授けたという。

禁教によって教会が破壊され、宣教師たちは厳しい潜伏生活を送っていたが、クルス町の牢屋には理想の信仰生活があった。その後も天正遣欧少年使節の中浦ジュリアンらの宣教師やキリシタンが収容され、しばし祈りの日々を過ごした。教会の跡を示す石碑には「サン・フランシスコ教会（修道院）跡」とある。ほかの教会にも修道院はあったが、それが示されているのはここだけだ。特に意図したものではないのだろうが、禁教から二十年ほどのあいだ、だれもが知る〝修道院〟が存在したことが刻まれているようでもある（二〇二四年現在、工事のため撤去され再設置は未定）。

キリシタンは殉教者の遺骨や遺物のほか、教会の建物の材木なども聖なるものとして崇敬した。クルス町の牢屋の増築には、破壊された教会や病院の材木が使われたという。その意味でもクルス町の牢屋は、神聖な〝修道院〟として認識されていたことだろう。転じて、教会の材木を下賜《かし》された寺院が、本堂などの重要な建物にはあえてそれを使わなかった例もある。単なる資材の再利用ではなく、祈りの場の聖性が染み込んでいることを、だれもがわかっていたのだ。「小ローマ」と呼ばれた長崎の町そのものが、そうであることも。

◆第三講◆

「絵踏み」で踏んだのは心

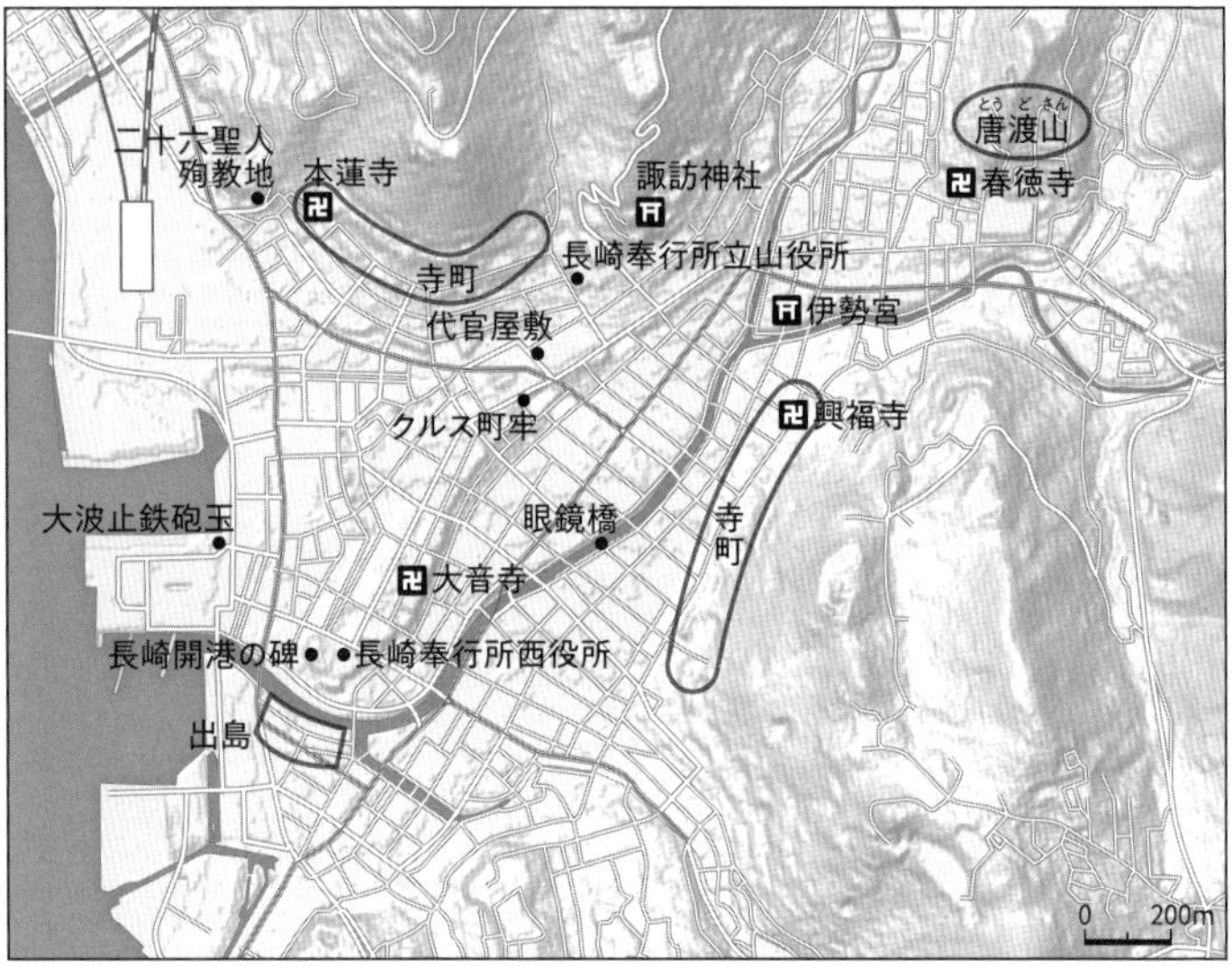
唐渡山《とうどさん》
春徳寺
二十六聖人
殉教地
本蓮寺
諏訪神社
寺町
長崎奉行所立山役所
伊勢宮
代官屋敷
クルス町牢
興福寺
寺
町
大波止鉄砲玉
眼鏡橋
大音寺
長崎開港の碑
長崎奉行所西役所
出島
0
200m

四人の少年たちと教会はどうなったのか

二十六聖人の殉教や元和の大殉教が行われた西坂では、判明しているだけでも六百名ほどのキリシタンや宣教師が処刑された。そのピークは禁教からおよそ二十年が経つ一六三三年だ。天正遣欧少年使節の中浦ジュリアンも、長年にわたる潜伏活動ののち、同年に殉教している。つまり幕府が出した禁教令は、二十年経っても徹底されていなかったと言えよう。

このころのキリシタンの処刑は、火あぶりや斬首《ざんしゅ》ではなく、より長い苦しみと棄教の〝チャンス〟を与える「穴吊《あなづ》り」となっていた。汚物の入った穴に逆さ吊りにされる過酷なもので、ジュリアンとともに刑を受けたイエズス会宣教師のクリストヴァン・フェレイラ（1580－1650）は苦痛に耐えられず棄教した。刑死した日本人の名と妻を与えられ、キリスト教の書物などを見分ける「キリシタン目明《めあかし》」となり、のちに遠藤周作の小説『沈黙』に登場する。

おなじ年、天正遣欧少年使節の千々石ミゲルも亡くなった。大村氏に仕えていたミゲルは、大村氏がイエズス会と断絶したころに同会を退き、少年使節唯一の棄教者とも言われてきた。しかし近年、彼と妻のものと考えられる墓所からキリスト教の聖具が発見され、信仰を守っていた可能性が高まっている（図27　ミゲルの墓と考えられている石碑）。

図27　ミゲルの墓か

ミゲルを除く少年使節の三人は、一六〇八年に「岬の教会」で司祭となった。伊東マンショは、大規模な禁教を前にした一六一二年、その教会で亡くなった。原マルチノは一六一四年の禁教令により国外追放され、マカオに渡った。語学に秀でた彼が作った多くの信心書は、キリシタンの心を支え続けた。マルチノが亡くなったのは、「絵踏み（踏絵《ふみえ》）」が始まったころの一六二九年だ。弾圧はそれからいっそう苛烈になった。ジュリアンは「ローマに行った神父」として殉教し、ミゲルは聖具とともに仏式の墓に眠った。およそ五十年前にヨーロッパに渡った四人の少年の人生は、それぞれに日本人とキリスト教の関わりを表すようでもある。

禁教によって壊された教会のその後もさまざまだ。長崎の町を司る側にとっては、土地の有効活用だけでなく、キリスト教の記憶を消すことも課題であったろう。教会や礼拝所だった場所は、徐々に別の建物が〝上書き〟されていった。

おもな跡地を見ていこう。長崎で最初に作られた教会であるトードス・オス・サントス教会は「春徳寺《しゅんとくじ》」に、西坂に近いサン・ジョアン・バプティスタ教会は「本蓮寺《ほんれんじ》」となり、どちらのお寺にも教会時代のものとされる井戸が「外道井《げどうい》」として伝わっている。ミゼリコルディアは「大音寺」ののち、天満宮となった。川のそばのサン・アウグスティン教会の跡にも寺院が建てられたとされる。

図28　サン(ト)・ドミンゴ教会跡

「岬の教会」は貿易関係の会所、のちに奉行所東・西両役所となった。港からも美しい姿が見えた「山のサンタ・マリア教会」には東役所が移り、「立山役所」になる。「サント・ドミンゴ教会」には末次平蔵が代官屋敷を建てた（図28　桜町小学校に並ぶサン（ト）・ドミンゴ教会跡と末次平蔵宅跡の碑）。平蔵は村山等安から代官職を奪っただけでなく、等安とその一族の男子八人すべてを子どもに至るまで処刑に追い込んだ。彼の寝所は、かつて教会の「ご聖体」が置かれた場所に設けられたという。さらに平蔵の息子は、春徳寺裏の龍頭巌を父の墓石に所望したが、岩に刃を立てた瞬間に鮮血が流れたので、工事は中止されたと伝わる。また、いつのころからか、一帯の山は「唐渡山《とうどさん》」と呼ばれるようになった。

破壊された教会と入れ替わるように、長崎の町には次々と神社仏閣が建てられた。一六三〇年ごろまでに三十を数え、多い時には七十近くに上った。〝小ローマ〟時代の教会が十を超える程度だったことを思えば、かなりの密度である。大半は町の両側の山の麓《ふもと》に建てられ、見上げるような石垣が続く寺町となった（図29　寺町の石垣）。「長い岬」の起点であり、町の北側を守る森には「諏訪神社」が氏神として置かれ、住民全員が氏子とされた。現在は、時代の趨勢《すうせい》もありお寺の数こそ減ったものの、主だった神社と寺町のたたずまいはそのままだ。

図29

海に向かう「長い岬」の先端、教会前広場の面影を残していた土地には、二本の大きな道と奉行所ができた。かつては「長い岬」に堀や塀が築かれて、外敵に対する要塞となったが、いまや固い守りが長崎の町を囲み、住民を抑えていた。西坂の殉教地では、二十六本の花の木が抜かれ、後の地図には「伴天連不浄地」と記された。

絵踏みの試練は幕末まで続いた

禁教にあたっては、おもに五つの制度が設けられた。すべての住民をどこかの寺の檀家《だんか》にする「寺請《てらうけ》」、宣教師やキリシタンを摘発すれば多額の金子を与える「訴人褒賞《そにんほうしょう》」、聖像を踏むことで棄教を証明させる「絵踏み（現在では、聖像を踏む行為を「絵踏み」、踏まれる聖像を「踏絵」と表記することが多い）」、一人のキリシタンが見つかれば近隣の者も処罰する「五人組」、棄教したのちも何代にも渡って監視する「類族《るいぞく》改《あらため》」だ。

もっとも効果があったのは、どれだろうか。褒美に目がくらんだ者に捕まったり、キリシタンとして子々孫々まで迫害を受けることは、むしろ〝望むところ〟だったろう。そうして行われた「元和の大殉教」は、輝かしい栄光の証だった。「寺請」や「五人組」の制は、信仰を共にするもの同士、心をひとつにすれば乗り越えられたかもしれない。実際、西坂を挟んですぐ隣の浦上のキリシタンたちは、表向きは寺に属し、共同体の強い結びつきの中で二百数十年以上も信仰を守った。しかし信仰とともに町を発展させ、二十六聖人やその後の殉教を目撃し、みずからも殉教を誓ったはずの長崎の人たちは、大半が棄教して〝転びキリシタン〟となった。その分かれ目はなんだったのだろうか。

残るは「絵踏み」である。一六二九年前後に始まったとされるこの制度は、当初はキリシタン摘発のため、のちに住民の管理とも結びついて幕末まで続いた。聖像を足で踏むことで、キリシタンでないことを証明する。それはとてもシンプルで、だれの目にも明らかなやりかただ。初期の段階では、信徒から没収した聖画を使い、文字通り〝絵〟を〝踏〟んでいた。セミナリヨで学んだ日本人画工の絵や銅版画もあったことだろう。しかし絵は踏めば破れる。次はイエスやマリアの像が刻まれた大判の金属製の「メダイ（メダル）」を板にはめ込んで使った。これも没収品だったので、自分の家にあったものを踏んだ人もいただろうか（図30は、長崎奉行所旧蔵品（東京国立博物館蔵）をもとに作成）。

いまも長崎の町では、工事現場などから指先ほどのメダイが発掘されることがある。大きなメダイは差し出しても、小さなメダイは懐の奥深くに忍ばせ、ある時、庭の片隅に埋めたのかもしれない。かつて棄教者をののしった者が聖像を踏む苦悩と屈辱と後悔は、限りなく深かったのではないか。しばらくは「形だけ」と自分に言い聞かせたかもしれない。

のちに絵踏みは年中行事となり、一六六九年には二十枚の真鍮《しんちゅう》の踏絵が新調された。茨《いばら》の

図30

新たに作った踏絵

信徒のメダイを使った板踏絵

冠をかぶるキリスト「エッケ・ホモ」、十字架にかけられたキリスト、十字架から下ろされたキリストを抱くマリア「ピエタ」、幼子イエスを抱く「ロザリオの聖母」が五枚ずつだ。それまで踏んでいた〝本物〟の聖画やメダイに比べると、足をかける罪悪感はいくらか薄らいだか、どうか。

絵踏みは毎年正月に行われた。踏絵は通常、「諏訪の杜」の長崎奉行所立山役所「宗門蔵《しゅうもんぐら》」に収められていた。それが正月二日に出され、三日に町人のトップである町年寄が踏み、四日から市中の絵踏みが始まる。一日あたり九ないし十枚の踏絵が十五から十六の町を回り、何日にどの町で行うかも決まっていた。市中が終わると、近隣の郷村《ごうそん》でも行われる。絵踏みはやがて九州各地にも広まり、十七世紀の中ごろからは絵踏みを伴わない宗旨改めが全国でも実施され、寺請制度が確立した。

原則一軒ごとに行われたが、町のリーダーである「乙名《おとな》」や組頭、貸家の家主などの家でまとめて行う場合もあった。当日は正装して、踏絵を運ぶ町役人を迎える。名前を呼ばれた順に踏み、まだ歩けない子どもは母親が抱いて踏ませ、寝たきりの病人や老人には、足の裏に踏絵を押し付けた。住民台帳の役割もある「宗旨人別改帳」に全員分の判が押されれば完了だ。棄教した「転び」の家の者は、男系は五代、女系は三代に渡って監視され、移動も制限された（図31　川原慶賀『絵踏み』　ライデン国立民族学博物館収蔵）。

図31　川原慶賀『絵踏み』

毎年正月になると、棄てたはずのイエスさまやマリアさまが、家にやってくる。それを晴れ着で迎えて踏む。その意味を子や孫に問われたら、なんと答えただろう。キリシタンではないことを証明するために、キリシタンだったことを思い出す年中行事。聖像が町を練り歩いていると思えば、小さな「聖行列」を毎年繰り返していたようでもある。

時代が下れば、遊女たちが〝絵踏み衣装〟を競い、大勢の見物人が出ることもあった。それでも心楽しいものではなかったらしい。絵踏みの終わった家では宴が催され、厄払いの万歳が踊って回って賑やかした。あるいは四種類の絵のうち「ロザリオの聖母」に当たった町は、よくないことがあるとも囁《ささや》かれた。

絵踏みは幕末まで続いたので、昭和の初めごろまでは〝経験者〟が生きていたことになる。現在「踏絵」という言葉は、宗教的な意味合いとは関係なく使われる。そこに後ろめたさのニュアンスが漂うのは、二百数十年に渡って聖像に足をかけ続けた人々の心のうずきが響いてくるからだろうか。

一六三四年に生まれたくんちと日繰《ひぐり》

長崎の一年でいちばん大きな行事は、諏訪神社の秋の大祭「長崎くんち」だ。十月七日から三日間、異国情緒たっぷりの踊りが奉納され、町を練り歩く。毎年、全国ニュースで取り上げられるので、見たことがある方も多いだろう。龍踊やコッコデショ（太鼓山）、オランダ船や唐人船などの出し物のほとんどは、江戸時代から続くもの、あるいは江戸時代の長崎の風物を題材にしている。「長い岬」を中心にしたかつての「内町」「外町」が「踊町《おどりちょう》」となり、それぞれの町の歴史と誇りをかけた出し物を披露する。現在、実際に奉納している踊町は五十ほど。七つの組に分かれているので、全部の踊りを見るには七年かかる。

くんちは、一六三四年に始まった。諏訪大神を祀る「諏訪神社」は開港前からあったが、

〝小ローマ〟ではすっかり忘れられていた。佐賀から来た修験《しゅげん》者が一六二五年に再興した当時は、住民の大半がキリシタンだったので、材木の仕入れや大工の調達に苦労したという。町の北側の森にどうにか社殿が完成すると、翌年から細々と神事を行っていた。その後、町では絵踏みが始まり、長崎の住民はすべて諏訪神社の氏子とされた。くんちが始まったのは、西坂での殉教がピークだったころだ。売れっ子の遊女二人が神前に小舞を奉納し、神輿が町に出て、祭りの体裁を整えた（下の図は『諏訪祭礼図屏風』より）。

　ごく初期には、神輿の進路を妨害したり石を投げる者もいたというが、「ちゃんとやらなければ住民全員を焼き殺す」とのお触れもあり、くんちは否応なしに定着していった。古今東西の祭りというものは、ほとんどが人々の自発的な祈りや願い、感謝に発しているが、長崎を代表する祭りのくんちに関しては、禁じられた信仰の代わりに〝あてがわれた〟祭りであり、当初はきわめて政治的、管理的な

ものだった。

神輿は諏訪神社と港の大波止《おおはと》のお旅所を往復する。そのお供が住民の義務となった。すべての町が輪番制で神輿のお供を受け持ち、奉行所からは多額の援助や貸付が行われ、行列の豪華さを競った。

もうひとつ、一六三四年にできたものがある。潜伏キリシタンが守った「バスチャンの日繰《ひぐり》」だ（図は長崎市外海歴史民俗資料館収蔵のもの）。「バスチャン」とは、長崎の町から車で一時間ほどの外海《そとめ》地方で活動していたという日本人伝道師で、山中には彼が隠れたとされる「バスチャン屋敷跡」がある。「日繰」はカレンダーのことで、この場合はローマ教会暦を、当時の日本で使われていた暦に置き換えたものだ。毎年日付が変わる復活祭（イースター）が基準になることから、それを知る神父たちが作っていた。しかし禁教による追放や逮捕、処刑で聖職者が激減すると、「バスチャン」は信徒たちに暦の計算法を教え、自分たち

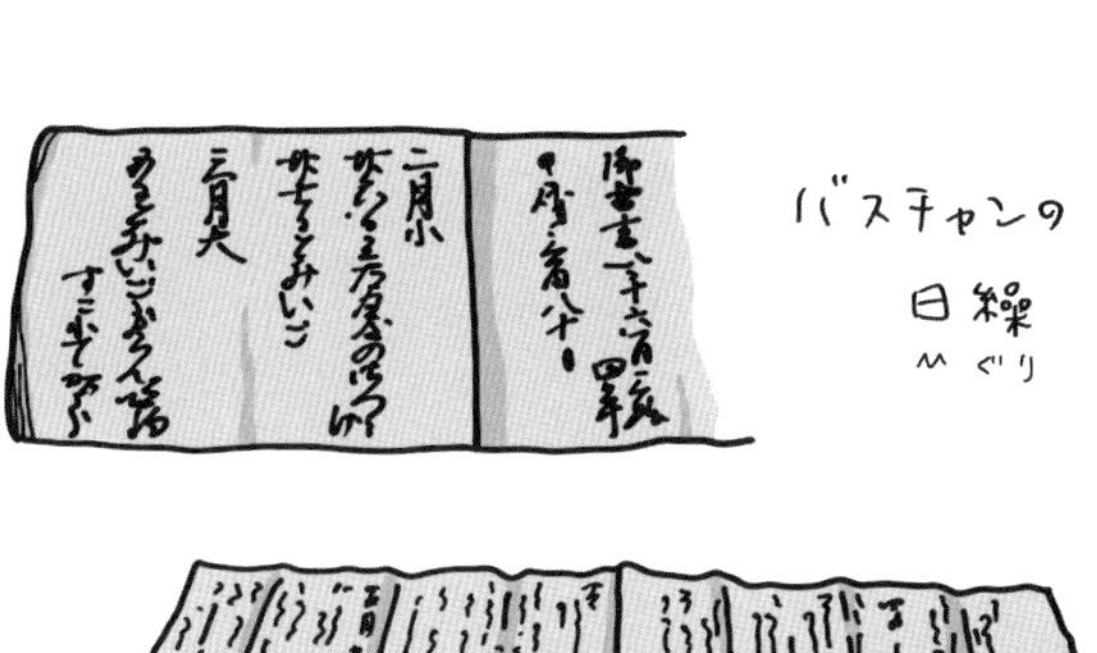

の力でローマとおなじ信仰生活を送れるようにしたのだ。「さんたまりや」「さんみぎる（聖ミゲル）」「丸じ（まるちる＝殉教）」「どみいご（日曜日）」などの文字が並ぶ〝手本〟が一六三四年の日繰であり、現在は写本が伝わっている。彼は「七代ののちに、告解ができる神父が黒船に乗ってやってくる。どこでも大声でキリシタンの歌を歌える」との予言も残したという。「バスチャン」の存在は伝説とされるが、弾圧の激化にともなって〝聖職者不在の日〟に向けた対策が取られたのは、たしかなことだろう。実際、十年後には〝最後の宣教師〟が殉教する。

一六三四年の「日繰」と「予言」は、長崎のすぐ北にある浦上の村にも伝えられた。キリシタン大名・有馬晴信の領地だった浦上は、長崎とおなじくイエズス会に寄進されたこともある。その後も長崎同様に秀吉や江戸幕府の直轄地となり、住民のほとんどはキリシタンだった。それまで神父が果たしていた役割は主だった村人で分担し、洗礼を授ける人は「水方《みずかた》」、暦を作るのは「帳方《ちょうかた》」となった。日繰には、復活祭や降誕祭、聖人の祝日や休日だけでなく、畑仕事の進め方や食事の禁忌《きんき》までが織り込まれた。浦上のキリシタンは、表向きは寺に属し、農村の共同体に信仰と生活を結びつけながら、まさに〝七代〟、二百数十年以上にわたる潜伏期間に入っていく。

彼らも毎年正月に、庄屋の屋敷で絵踏みを行った。家に帰ると、聖像を踏んだ足を洗い、その水を飲んで許しを乞いながら祈ったという。長崎でもおなじことはできたかもしれないが、都市と農村、人口密度や監視の厳しさの違いもあったのか、長崎と浦上のキリシタンは〝転ぶ〟と〝潜《もぐ》る〟に分かれた。

江戸時代後期の外海《そとめ》では、五島藩から大村藩への求めにより、三千人以上ともいう潜伏キリシタンが五島列島各地へ渡った。開拓民として行った先は痩せた土地ばかりで、苦しい生活を送りながら信仰を守り続けた。五島列島の島々に立つ教会群はその結果としてある。

また、ザビエルの来訪から続く長崎県北部の平戸や生月《いきつき》のキリシタンは、ローマとつながる「日繰」が伝わらなかったこともあり、独自の組織や儀礼による信仰を育んでいった。

長崎のシンボルとなる橋と島

一六三四年の長崎では、二つの大きな工事も始まった。どちらもその後、町のシンボルとなり、いまや多くの観光客が訪れている。

ひとつは眼鏡橋だ。日本最古の石造り二連アーチ橋として、国の重要文化財に指定されている。

開港以前は潟や浅瀬だった「長い岬」の東側は、風頭山《かざがしらやま》との間が埋め立てられて町になった。北側から流れ込む川は「大川《おおかわ》」として整備され、荷運びの船が行き交った。これが現在の「中島川《なかしまがわ》」だ。風頭山のふもとには禁教後から寺院が建ち並び、背後の斜面は墓地となった。寺町には唐船に祀られる航海の女神「媽祖《まそ》」を安置する「唐寺《とうでら》」も作られ、このうち興福寺《こうふくじ》の僧が町からの参拝者のために架けたのが眼鏡橋だ。正式に命名されたのは明治に入ってからだが、俗称としてはそれ以前から存在したようだ。

大川にはそれまでもいくつかの木の橋はあったが、たびたび壊れていたこともあり、石の橋となった。唐僧によるものではあるが、構造的には中国の石橋よりヨーロッパのものに近い。幕末に長崎を訪れた西欧人は、その印象から「ポルトガル橋」と記している。いま見ればなんということもない小さな石の橋かもしれないが、当時としては高度な技術を駆使した、だれも見たことのない橋だった。

寺町のお寺には以前、キリシタンの墓碑らしきものがいくつもあったという。町民のすべてが〝転ぶ〟過程では、すでに死んだ者の信仰を問う余裕まではなかったのかもしれない。

図34　興福寺

宗旨の違う家族が眠り、転んだ者たちが順々に送られる山は、最先端の石の橋によって、日々を生きる町と固く結ばれた。

もうひとつは、出島だ。二年がかりで完成し、現在は「出島和蘭商館跡」として国指定の史跡となっている。海に突き出した扇形の島は、いわゆる「鎖国」の時代に海外へ開かれていた長崎のシンボルだ。幕末の開国後から周囲が埋め立てられ、いまは海に浮かんでいない。江戸時代の姿に戻す復元事業が進んでおり、オランダ国旗がはためいている。二百年以上オランダ商館が置かれていたので〝出島＝オランダ〟のイメージが強いかもしれないが、本来はポルトガル人の収容所として作られた。つまりもともとの出島は

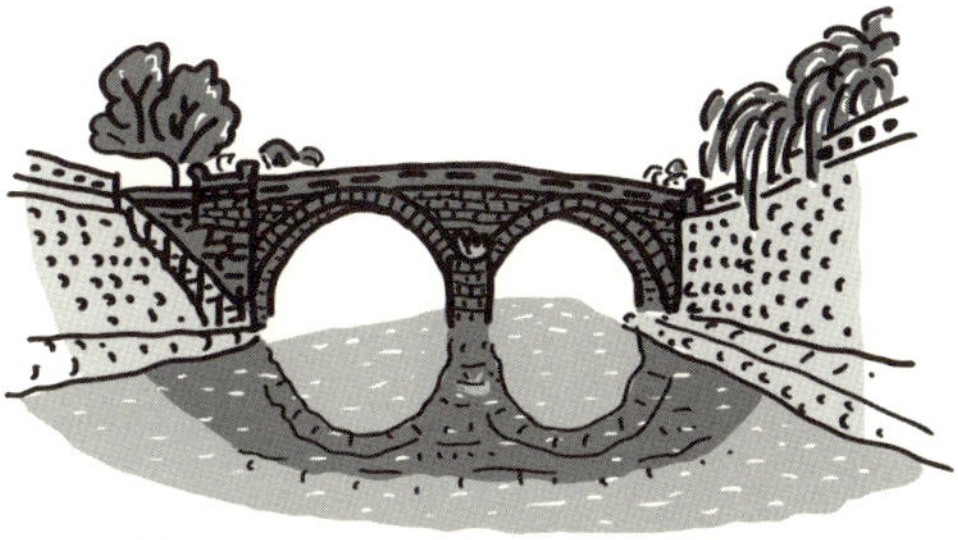

図35　眼鏡橋

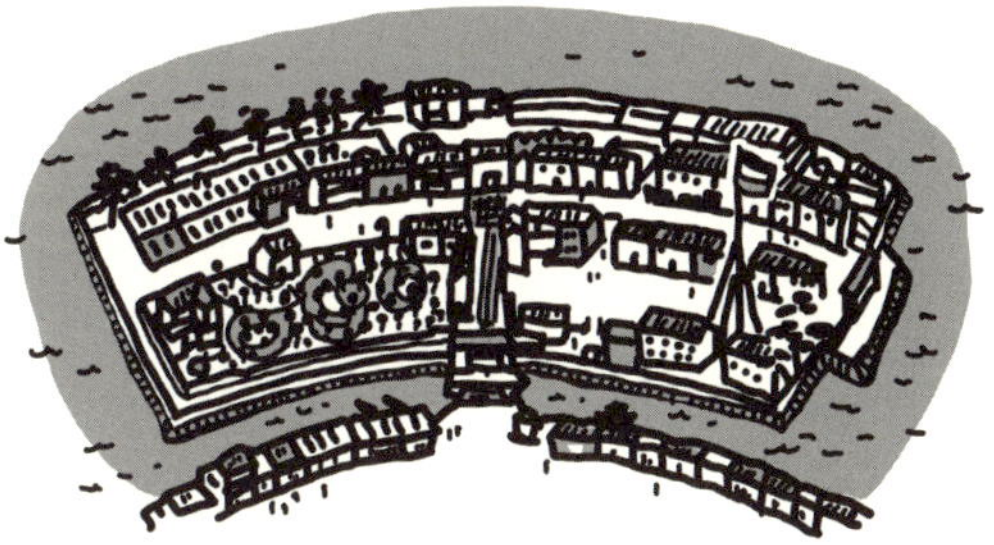

図36　出島

〝オランダ〟でもなければ〝開かれ〟てもいなかった。

一六一四年の禁教令によって宣教師は追放となったが、貿易は続けられており、ポルトガルの商人たちも長崎の市中に暮らしていた。しかし彼らと日本人が接触する限りキリシタンの根を断つことはできないとして、幕府はポルトガル人の隔離を決める。さて、どこにするか。監視と密貿易の防止のため、町のそばにありながらも地続きではない場所がいい。そこで岬の先端の前面に広がる浅瀬に、人工の島を造ることにした。

長崎の下町を流れる大川（現在の中島川）の河口は「長い岬」の先端あたりで、そこには常に土砂が流れ込む。その土砂を浅瀬に盛れば、浚渫《しゅんせつ》にもなって一石二鳥だ。それだけでは足りないから、すぐそばの土を使おう……というだけのことだったかどうかは、わからない。〝すぐそば〟の崖の上には、二十年前まで「被昇天の聖母教会」がそびえていた。イエズス会の本部や教育機関、印刷所などとともに、長崎のみならず、日本のキリスト教界の中心であった特別な教会だ。禁教で真っ先に壊されたが、建物が取り払われても、大きな道が突っ切っても、その地中には無数の祈りや思いが染み込んでいたはずだ。しかしいまその地に立つと、突き出ていたはずの部分は、ごっそり削られたかのように後退している。

地質調査によれば、出島は河川からの土砂と「長い岬」の土によって構成されているという。サント・ドミンゴ教会でも使われていた花十字紋瓦が出土していることから、その土は教会跡地のものであった可能性が高い。出島は「被昇天の聖母教会」が建っていた土地を削って埋め立てられたのだろうか。どんな意図にせよ、運ばれていく土を見る誰もが、そこにあったものの姿と、そこで過ごした時間を思ったことだろう。こうして「長い岬」の先端という〝聖地〟の極点は削り取られ、共に町を作ってきたポルトガル人を閉じ込める島となった。

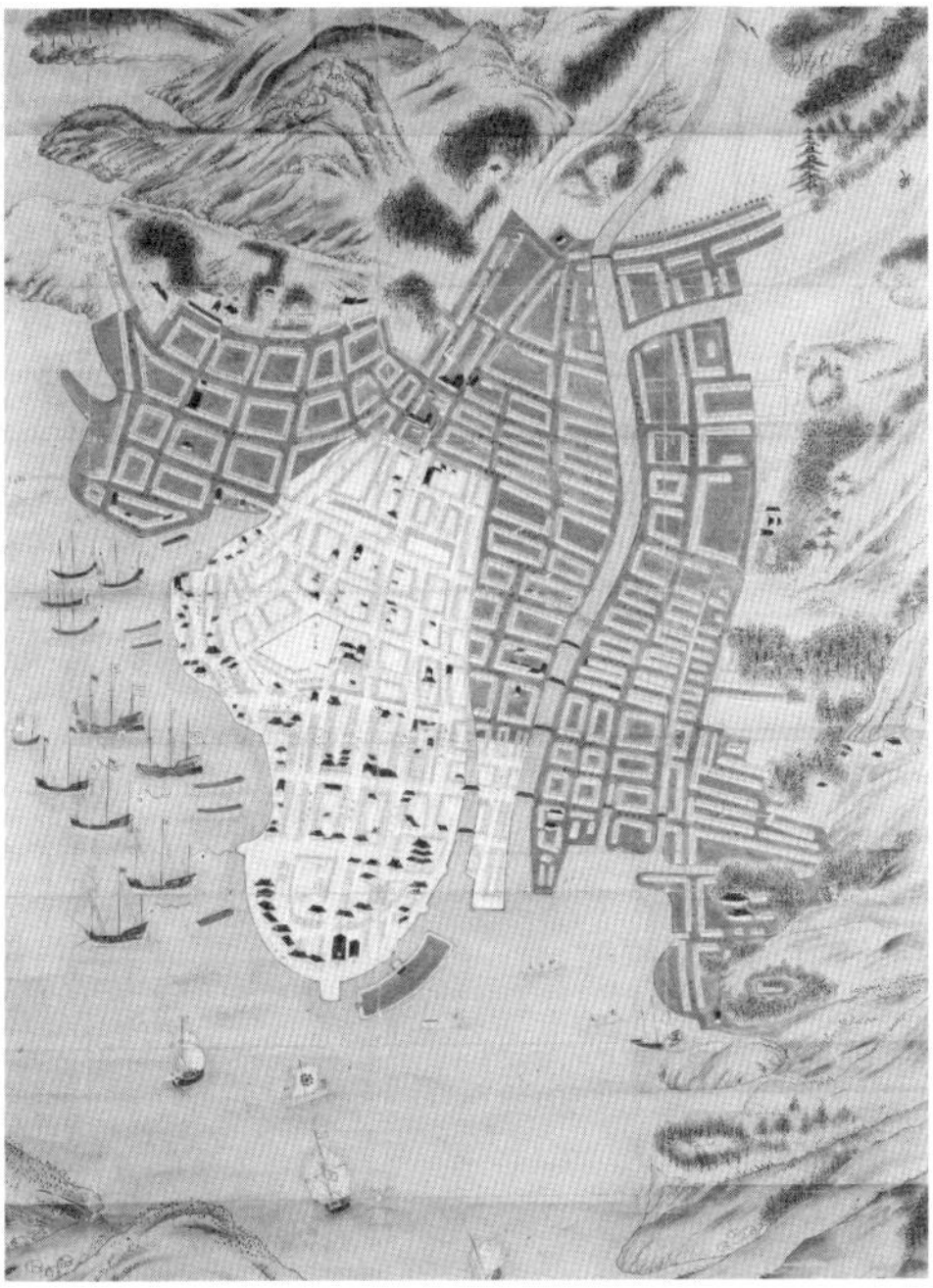
図37

地図としてもっとも古い長崎の姿を描いているのは『寛永長崎港図』だ（図37『寛永長崎港図』長崎歴史文化博物館収蔵）。一六二四年から一六四四年までの寛永年間で、一六三四年に着工した眼鏡橋と出島があること、一六三九年に来航禁止となるポルトガル船が見えることから、その間の様子とされる。裏を返せば、眼鏡橋と出島ができる前、一五七一年の開港から六十～七十年ほどの間の長崎の地図は、いまの時点では確認されていない。現存する『寛永長崎港図』も後世の写しであり、さらにその原本も記憶を頼りに描かれた可能性があるという。重要な貿易が行われた町の地図が作られなかったとは考えにくいので、さまざまな理由で失われたのかもしれないし、世界のどこかで眠っているのかもしれない。

地図の中で白く塗られた「長い岬」の町は、そろりと踏み出す足先のようだ。目の前には、聖なる土で作られた出島が横たわっている。教会があった場所は、いまは小さな公園と道路になり、ポルトガル船が刻まれた「長崎開港の碑」が置かれている。

島原・天草の乱はなぜ起きたのか

このころまでには、いわゆる「鎖国」への流れも強まっていた。幕府はスペイン船の来航を禁じ、長崎代官にもなった村山等安や末次平蔵ら、多くの豪商を生んだ朱印船を制限する。さらに日本人の渡航と帰国を禁じ、中国との貿易を長崎に限った。完成した出島にポルトガル人を収容し、その血を引く者はマカオに追放した。禁教と貿易の掌握《しょうあく》は、二十年がかりでひととおり達成されたかに見えた。

そこに大きな衝撃が走る。一六三七〜三八年の「島原・天草の乱」だ。総勢三万七千という農民たちが蜂起したのである。

島原は、長崎を開いた大村純忠の宗主、有馬氏の領地だったところだ。ひところは、長崎と並ぶ〝キリシタン王国〟だった。長崎港でポルトガル船が爆沈した事件（55頁参照）がもとで、キリシタン大名・有馬晴信は処刑され、息子は転封《てんぽう》となっていた。

新たな領主は、七年がかりの築城の使役や重税を領民に課した。年貢や税を払えない者は、蓑《みの》で巻いて火をつける「蓑踊り」で処刑したり、多く残っていたキリシタンを最高百二十度の噴気が上る雲《うん》仙《ぜん》地獄に連行し、刀で斬った傷に地獄の熱湯を注ぐなどの苛烈な拷問を加えた。そこに凶作と飢饉も重なり、人々の怒りと疲弊は限界に達する。浪人となっていた有馬時代の武士たちが指揮を取り、お

なじような状況にあった天草の領民とともに、女性も子どもも廃城となっていた原城に立てこもった。これに対し幕府は、諸藩から十二万の兵を集め、オランダ船には大砲を使って攻撃させた。四ヶ月に及ぶ攻防と兵糧攻めと惨殺の果てに一揆軍は全滅し、島原半島南部の村の多くが無人となった。

国指定の史跡となっている原城跡の発掘調査では、堀に投げ込まれた遺骨の口元から、小さなメダイが見つかった。ご聖体の拝領のように口に含んで死を迎えたようだ。鉄砲の弾を鋳《い》溶かして作った十字架も出土している(下の図は、『南島原歴史遺産』(南島原市)より)。乱は農民一揆の性格が強く、不戦や無抵抗の条件を満たさないので殉教と認められることはない。それでも彼らの戦いは、たしかに信仰とともにあった。

一説によれば、乱の精神的支柱であった天草四郎の首と一揆軍の首の一部は、長崎に運ばれた。四郎の首は、長崎の表玄関である「大波止」あるいはポルトガル人が暮らす出島の前

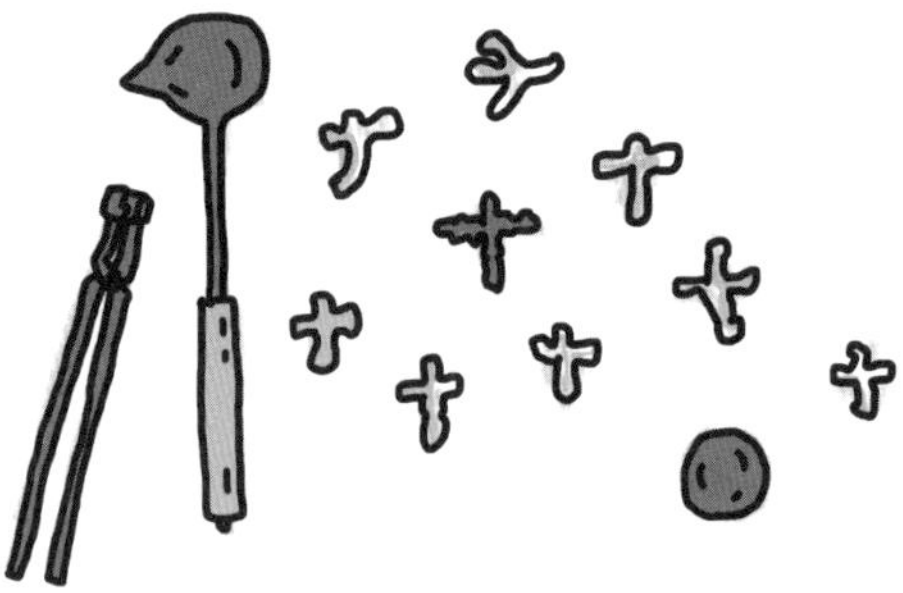

籠城中、鉛の弾丸を溶かして作った十字架

に晒《さら》されたのち、一揆軍の首とともに西坂に埋められたという。かつてこの地で処刑された殉教者たちに、長崎の人々は歓喜の祈りを捧げ、殉教を誓った。けれどその日は来ないまま、聖像を踏み、仏寺に属し、神社の氏子となっている。乱に倒れた人々の首を、彼らはどんな気持ちで迎えたのだろうか。いまその地は不明とされるが、江戸時代だけでなく明治期の地図にも「首塚《くびづか》」の文字は見える。仮に伝承に過ぎなかったとしても、長く語り継がれたのは事実であろう。

乱のあとの長崎では、それまで必要な時期だけ滞在していた奉行が常駐となった。幕府や奉行は、転びキリシタンの町で起こりうる最悪の事態を想定したことだろう。しかし〝長崎の乱〟は勃発しなかった。町の警備が厳しかったのか、軍事的な指導をする者がいなかったのか、信仰に挫折したからか、はたまた食うに困っていないからか。なにが彼らをそうさせなかったのだろうか。いずれにせよ長崎の人々は、生き抜くことを選んだ。

乱はその後の外交や禁教のありかたにも大きな影響を与えた。重税や飢饉に耐えかねた農民一揆だったとはいえ、彼らのほとんどがキリシタンであり、信仰が戦いを支えていたのも事実だ。大いに脅威を感じた幕府は、その発信元であるカトリック国・ポルトガルとの断交を決める。乱の翌年には、出島のポルトガル人を追放し、以後の来航を禁じた。

日本としては、西洋との貿易は、布教をセットにしないオランダにシフトすればいい。し

図40　大波止鉄砲ン玉

かしマカオのポルトガル勢は、利益の多くを日本によっていた。一六四〇年、大使級の使節団が長崎に来航し、切に交易の再開を求める。本来なら厚遇すべき一行であったが、幕府は六十一人を西坂で処刑し、船は港の沖で焼き沈め、十三人の船員に見届けさせてマカオに返した。一六二二年の「元和の大殉教」でも殉教者は五十五人だった。処刑を見慣れた長崎の人々も、これには驚いたのではないか。ポルトガルはその後も幾度か国交と貿易を求めてきたが、再開するのは二百二十年後の幕末だ。太平の世を作ったという「鎖国」は、ただ静かに国を閉じたのではなかった。少なくとも、それまで外国とつながりのあった現場の町では、多くの血が流されたのだ。

やがて港の大波止には、長径約五十六センチ、重さ五百六十キロの「鉄砲《てっぽ》ン玉（鉄玉）」が出現した。島原・天草の乱の鎮圧のために鋳造されたものと噂され、公式な絵図にも番人然として描かれる長崎名物となった。外敵への威嚇や誇示のためか、長崎の町の人々にも向いていたのか。閉じた国の重しにも見える「鉄砲ン玉」は、いまも大波止の一隅にある。

◆第四講◆

和華蘭の町は貿易センター

鳴滝塾
墓地
諏訪神社
寺町
立山役所
長崎会所
大音寺坂
寺町
墓地
西役所／海軍伝習所
出島
銅座
新地蔵
丸山
梅ヶ崎
我が国最初の
気球飛揚の地碑
唐人屋敷
0
500m

出島は収容所だった

「鎖国」とは「阿蘭陀通詞《おらんだつうじ》」で蘭学者の志筑忠雄《しづきただお》（1760－1806）が、オランダ商館医ケンペル（1651－1716）の著書を訳する際に作った言葉だ。

近年では、完全に国を〝鎖《と》ざし〟ていたわけではないとして「いわゆる鎖国」などとすることが多い。長崎だけでなく、朝鮮への「対馬口」、琉球への「薩摩口」、蝦夷《えぞ》地への「松前口」が開かれており、朝鮮には日本人居住区の「倭館《わかん》」さえあった。それでも日本の外交と貿易が極端に制限されていたことに変わりはない。そもそも日本の西の果ての地で貿易のために開かれ、ほかの産業も発展していない長崎は、町のすべてが貿易のために存在していた。よく「鎖国時代唯一の貿易港」と言われるのは、正確ではないにせよ、実状は表している。

そのシンボルである出島は、本来はポルトガル人の収容施設として作られたが、国交断絶により〝空き家〟になった。出島は言うなれば〝賃貸物件〟であり〝入居者〟は貿易の利益から、日本側に〝家賃〟を支払う仕組みだ。その〝大家〟は奉行でも代官でもなく、出島の築造費を出資した長崎の町人たちだった。当てにしていた〝家賃〟が途絶えた窮状《きゅうじょう》を幕府に訴えたところ、貿易管理の思惑とも相まってオランダ商館の誘致が決定する。当時平戸にあ

図41　現在の出島

った商館の建物は、キリスト教の暦である西暦が刻まれているとの理由で破壊され、それまで自由に暮らしていた商館員は約四千坪の人工の島に収容された。

　現在出島の三方は周囲と地続きになっているが、扇形の外側、南側の護岸は発掘され、かつての海岸線を見ることができる。幅一メートルほどの堀だが、潮の満ち引きがあり、時折カニが歩いている（図42　出島南側護岸）。

　ポルトガル人やスペイン人の「南蛮人」に対し、オランダ人は「紅毛人《こうもうじん》」と称された。おなじ西洋人ではあるが、長年「南蛮人」と暮らしてきた長崎の人にとって「紅毛人」は容貌も信仰も似て非なる存在だ。オランダはカトリック国のスペインと戦ったプロテスタントの国であり、島原・天草の乱では幕府に付いてキリシタンに大砲を放った。棄教した身とはいえ、心情的には〝敵〟と呼んでもいいだろう。しかし背に腹はかえられない。それはマカオのポルトガル人同様、日本貿易に大きく支えられていたオランダ東インド会社の商館もおなじことだった。長崎とオランダ商館の人々は、出会いこそ心はずむものではなかったが「鎖国」の窓口にある者同士、ともに生きていくことになる。

〝鎖国時代唯一の貿易港〟の長崎は、開港以来のノウハウと経験をもとに、町全体がひとつの〝貿易センター〟となった。通訳の「阿蘭陀通詞《つうじ》」や「唐通事《とうつうじ》」をはじめ、貿易に関するあらゆる業務は、長崎の町人が「地役人《じやくにん》」となって行った。幕府から派遣されてくる長崎奉行が〝国家公務員〟なら、代官以下の地役人は〝地方公務員〟だ。長崎ではその数がとても多く、上級の役人は名字帯刀《みょうじたいとう》を許された。さまざまな役得もあり、トップの町年寄《まちどしより》ともなれば旗本クラスの屋敷を構えていた。町の運営と貿易のシステムは町人たちが作り上げており、権力を持っているはずの長崎奉行は、かなり〝アウェー〟でやりにくかったようだ。

図42　出島の南側の護岸

一年間の来航数は、オランダ船の数隻に対し、唐船は数十隻あった。唐船は町の南側の梅《うめ》ヶ崎《さき》に係留され、すぐ近くには貿易品を梱包する籠を作る「籠町《かごまち》」、船の修理をする「船大工《ふなだいく》町《まち》」、石灰を荷揚げする「石灰町《しっくいまち》」などができた。いまも町名は残っており、当時の活気をしのばせる。

一六八九年に「唐人屋敷《とうじんやしき》」が完成する以前、長崎の町の人口が約五万人だったころ、市中に滞在していた中国人は、多い時で一万人にも上った。唐船の取引額は大きく、彼らの宿となる家は、貿易の仲立ちなどでも収入を得ることができた。かつて自前の船で商売していた人々が荷捌きや仲介業務で満足したかどうかはわからないが、江戸や都から遠く離れた長崎の町は鎖国の窓口、貿易センターとして順調に発展していた。

町を焼き尽くした寛文《かんぶん》の大火

一六六三年の春、町の北西部、西坂の手前にある筑後町から火の手が上がった。町はずれではあるが、強い風が災いしたようで、火は「長い岬」も含む中心部に燃え広がり、眼鏡橋が架かる「大川」を越え、火元から最も遠い寄合町《よりあいまち》までを一昼夜かけて焼き尽くした。六十六町のうち五十七町が全焼、六町が半焼、かろうじて焼け残ったのは二町と出島だけだ。この「寛文の大火」の跡は「焦土層」となり、いまも長崎の地中にくっきりと残っている。

復興には十年の月日を要した。「長い岬」の先端にある東西の長崎奉行所は、貿易などを管理する「西役所」を同地に残し、東役所を「正庁」として「諏訪の杜」に置き、「立山役所」とした。禁教前であれば「岬の教会」と「山のサンタ・マリア教会」の地である。城塞都市の名残りであった堀を埋め立て、町の通りや溝の幅を規格化し、管理と防災を強化した。

大火では、埋立地ゆえの水の乏しさも災いした。以前から生活用水にも常に事欠いていた町をなんとかしようと、本五島町で廻船業を営む町人・倉田次郎右衛門《くらたじろうえもん》（？－1703）が、長崎の町中に水道を巡らせることを計画する。土地や船も売り払って私費を投じ、一六七三年、中島川の上流を水源にした「倉田水樋《くらたすいひ》」を六年がかりで完成させた。奉行所の援助もいくらか受けはしたが、町人によるライフラインの公共事業としては破格のものであろう。木や石の樋《とい》による水道は、近代的な水道が供給されるまで（138頁参照）の二百十八年間、人々の生活を支え続けた。

いくつかの町割も整理され、出島を除いた町の数は七十九となり、そのうち遊女町の丸山町と寄合町は「両町《りょうちょう》」、残る七十七町が「総町《そうちょう》」とされた。

七十七という町の数には意味がある。諏訪神社の大祭くんちの奉納のためだ。それまでは年によって町の数にばらつきがあったが、復興後は「総町を七組に分けた十一町が、七年ごとに参加する」と決まった。初めてのくんちで踊った遊女ゆかりの「両町」は別格で、毎年（後に隔年）の奉納だ。くんちは宗教的な祭りであると同時に、長崎の町と人を統制するためのシステムである。かつてキリシタンだった町民たちが、心から神輿の行列のお供をし、踊りを奉納しているかどうか。新旧の長崎奉行は、形を変えた「絵踏み」である祭りを人目につく桟敷で見届け、町の支配者の存在を強く示した。

その背後にある幕府は、火事の復興のために巨額の資金を投入し、長崎への影響力を強める。一六七六年には、代官の四代目末次平蔵が密貿易の罪で隠岐に流された。初代平蔵から五十七年、豪商としても君臨した末次家は、莫大な財産と権力を奪われたのだ。かつての家業は〝お上《かみ》〟のものとなり、勝手をすれば密貿易と咎《とが》められる。町の人々は、龍頭巌に刃を立てた天罰だと噂したが、それは貿易と信仰を奪われた長崎の姿でもあった。大火はまた、開港以来の歴史も消し去った。『寛永長崎港図』以前の地図がないのとおなじく、長崎の旧記が極端に乏しいのは、この時に多くの記録や文書が燃えたからともいう。

祭りに沸く国防最前線

開港から一世紀、禁教令から半世紀、鎖国から四半世紀。「寛文の大火」は長崎の町を様々な意味でリセットした。諏訪の杜の立山役所跡に立つ長崎歴史文化博物館収蔵の『寛文長崎図屛風』には、十年がかりで火事から復興した長崎の様子が描かれている。同館の常設展示室にはレプリカが展示されており、当時の様子を見ることができる（図43『寛文長崎図屛風』長崎歴史文化博物館収蔵）。方角的には稲佐山《いなさやま》からの眺めだろう。稲佐山は、二回連続で

図43

世界新三大夜景に選ばれた長崎随一の眺望スポットだ。展望台に立てば、南北に伸びる深い入江の町を一望できる。風景全体から受ける印象は江戸時代もいまもあまり変わらないが、屏風の海には出島が突き出し、オランダ船や唐船が浮かんでいる。右隻の右端まで長崎半島が伸びており、その先端は異国船の来航を見張る遠見《とおみ》番所《ばんしょ》があった野母崎《のもざき》だ。現在ではそこが日本海と東シナ海の境目となっている。

一六四〇年にポルトガルの使節を処刑して以降、報復を恐れた幕府は長崎の防衛を強化してきた。貿易を許したオランダ船や唐船も、警戒の例外ではなかった。遠見番所の沖に船が現れると、信号旗や石火矢《いしびや》の砲声が港内をリレーして、奉行所に知らせが届く。港の入り口の両側にある戸《と》町《まち》と西泊《にしどまり》には番所があり、福岡藩と佐賀藩が交代で警備を受け持っている。オランダ船の滞在時には千人ほどが詰めたので「千人番所」と呼ばれた。周辺には大砲を据える台場も置かれ、万全の体制を整えた。入港の際には、まず役人が小舟で乗り付けてキリシタン関係の物品などを取り調べ、大砲の火薬を回収したのちに、ようやく港内へ曳き入れた。海外に開かれていた長崎は、国防の最前線でもあった。

とはいえ「鎖国」以降の長崎の町は、海の向こうから来航する船だけが生活の命綱だ。初夏の季節風に乗ってやってきたオランダ船の出航は、秋の風が吹く旧暦九月二十日前後と決まっている。〝宝船〟の船出を目前にした旧暦九月九日から行われるくんちは、たっぷりと恵みをもたらしてくれた異国の船に感謝を捧げて再来を願う、豊漁の祭りのようだ。『寛文長崎図屏風』にはくんちの様子が描かれている。神輿が港から諏訪神社へ向かっているので「お上《のぼ》り」の日だろう。生き生きとした町並みや人々の表情を追っていると、当時の長崎を歩いているような気分になる。通りや家の二階から見物する人、祭りに浮かれて走っている人も見える。為政者がほぼ無理矢理にくんちを始めておよそ四十年、子や孫の世代は屈託なく楽しむようになっていたのだろうか。

オランダ船が出ていくと、町は気が抜けたように静まり、年末までこれといった行事もない。いまも長崎では「くんちの終われば正月バイ（くんちが終わったら正月だよね）」という。異国の船を中心に回っていた季節感が、まだ抜けないのかもしれない。

盆と暮れにはボーナスのお楽しみ

『寛文長崎図屏風』には、一六七三年に通商を求めてやってきたイギリス船のリターン号が、番船に囲まれている様子も見える。長崎ではイギリス商館開設を期待する向きもあったというが、幕府はオランダ商館からの情報文書「風説書《ふうせつがき》」でイギリスがポルトガルの王室と姻戚関係にあることを知っており、リターン号はそれを理由に追い返された。貿易で生きる町にとっては、取引は自由かつ多いに越したことはない。しかし幕府は代価として支払われる金銀銅の国外流出を防ぐためにも、新たな国と取引をしないだけでなく、唐船やオランダ商館との取引額や船の数も制限していった。

一六九八年には長崎奉行所立山役所の隣に「長崎会所《ながさきかいしょ》」が開かれる。銀や銅のほか「俵物《たわらもの》」と呼ばれた煎りナマコやフカヒレ、干しアワビなどによる取引を集約し、利益の運用や地役人への給料の支払いといった業務も行うことで、長崎貿易を幕府のものとしたのだ。一七一五年の改革以降、貿易額と船の入港隻数はさらに絞られた。

それでも唐船やオランダ船が運んできたものは、日本人の生活を大いに彩った。更紗《さらさ》や縞物《しまもの》などアジア一帯の布織物は着物や帯に仕立てられ、さまざまな種類の皮革が武具や履物、装飾品などに使われた。長崎に入ったためずらしいもの、美しいものがなければ、いまにつながる粋で風流な〝和風〟は、ずいぶん違う姿をしていたことだろう。

あるいはトマトやタマネギなど、現在では毎日の食卓でおなじみの農作物にも、この時代の長崎に渡ってきたものがある。ジャガイモの語源は、オランダ船が運んできた〝ジャカルタのイモ〟説が有力だ。開港以来の輸入品の花形だった砂糖は、長崎と小倉を結ぶ長崎街道を通じて全国に運ばれ、お菓子や料理の味を変えていった。近年この道が「シュガーロード」と呼ばれるゆえんである。ひところは甘さが足りないことを「長崎が遠い」と表すこともあったという（下の図は当時の貿易品。長崎歴史文化博物館展示より）。

江戸時代の長崎の人口のピークは一七〇〇年頃の約五万人で、その後は貿易の制限と連動して減少する。江戸後期から幕末にかけては三万人ほどで推移し、それでも豊かな町であることに変わりはなかった。自由な取引をしていたころの景気は失われたものの、長崎の住民には年に二度「箇所銀《かしょぎん》・竈銀《かまどぎん》」が支給されていた。これ

は貿易の利益の配分で、江戸時代中期には制度化され、幕末まで続いた。江戸後期には、現在の金額に換算すると、家持ちへの「箇所銀」が年に二十三万円、借家住まいへの「竈銀」が年に六万円ほどだったという。生活を賄うまではないにせよ、盆と暮れのちょっとしたボーナスだ。お祭り好きで、どちらかといえばお気楽な長崎の人々の気質のいくらかは、ここに根ざしているのだろう。

春の凧揚げ合戦「ハタ揚げ」では結構な額のお金を賭け、夏のお盆は墓所にたくさんの提灯を並べて飲み食いする。秋のくんちはますます盛り上がり、奨励したはずの奉行から華美を禁じられるまでになった。七年めぐりの踊町の奉納踊りは本来、諏訪・住吉・森崎三社の神輿のお供の行列の一部であり、当時もいまも本質的には変わらない。それでも華やかな奉納踊りがいつしか主役のようになったのは、初めは強制されたくんちを、長崎の町の人々が心から楽しみ、我らが祭りと育てたからだ。

禁教や転宗者の監視、海外渡航の禁止、貿易の制限などの大きな縛りはありながらも、長崎ゆえの豊かさと異国情緒に彩られた毎日が続いていた。

お墓も祭りも中国風が流行

長崎は〝ハカ・サカ・バカ〟の町という。「サカ」は「長い岬」と三方を囲む山による坂の町を表し、「バカ」はくんちバカである。残る「ハカ」がなぜ長崎を表すのか、それは町を囲む墓地を訪ねてもらえればわかるだろう。

　禁教後、町を囲むように形成された寺町にはいまもお寺が並び、その後ろの墓地も健在だ。急な坂や石段を登っていくと、昭和や明治はもちろん江戸時代初期の年号までもが現れ、名のある人の墓には案内板も立っている。風頭山《かざがしらやま》の墓地へ続くのは幣振《へいふり》坂。諏訪神社の鳥居を作るために切り出した石材を、御幣を振りながら降したともいう。登るのがつらければ「風頭山」や「立山《たてやま》」行きのバスに乗って、山の上から歩いて下ってもいい。死者たちの目線で町を見渡せば、また違った長崎が浮かんでくるはずだ。

図45　坂のひとつ、幣振坂

　長崎のお墓には、ほかの町ではあまり見られないような特徴がある。まずは敷地が広い。お盆には親族が集まり、墓前で飲んだり食べたり花火をしたりする。江戸時代には本格的な

図46　墓地からの眺め

図47　天后堂「媽祖」像

宴が張られていたが、明治期のコレラ流行などもあり、いまはちょっとつまむ程度だ。墓石の文字が金色なのは、中国の影響、あるいは洋上で亡くなったオランダ商館長の墓石の文字が金で塗られ、そこから流行ったともいう（彼はいまも稲佐悟真寺国際墓地に眠っている）。

線香も独特だ。濃いピンクの竹ひごを芯にした、黄色く

て長い「竹線香」は、中国や東南アジア一帯で使われるものとおなじだ。そしてなにより「土神《どじん》さま」である。家の墓石のそばに据えられている小ぶりな碑は、唐船や唐寺に祀られる航海の女神「媽祖《まそ》」（図47）同様、中国の道教の神様だ。文字通り土地を守っているというが、仏教のお墓に道教の神様とは、どうしたことだろう。

　お墓に限らず、細長い手漕ぎの船で競争をする「ペーロン」や、大掛かりな船を造って故人を送る「精霊流《しょうろうなが》し」、くんちの龍踊や唐人船といった祭りや芸能、食文化に至るまで、中国や東南アジアの影響は色濃い。唐寺の僧侶は、仏教だけでなく、文化、芸術のエキスパートとしても親しまれた。

　中でも〝隠元《いんげん》さん〟として知られる隠元禅師《ぜんじ》（1592－1673）は、多くの足跡を残している（右下の図は『隠元倚騎獅像《いんげんいきしぞう》』神戸市立博物館蔵より）。一六五四年に熱烈な招きを受けて来日した禅師は、寺町の興福寺の住職を務めると、京都の宇治で萬福寺を開いて日本の黄檗《おうばく》宗《しゅう》の祖となった。その名が付いたインゲン豆をはじめ、ナス、スイカ、レンコン、モヤシなどの食材、テーブルを囲む普茶《ふちゃ》料理や煎茶、原稿用紙や文字の明朝体など、長崎だけでなく

隠元さん

日本の生活に豊かな文物をもたらした。天皇や皇族、将軍や大名も帰依《きえ》し、皇室からはいまも五十年ごとの大遠忌《だいおんき》に諡号《しごう》が贈られている。

多くの中国人が長崎の町に暮らし、日本人と結婚する人、帰化する人も多かった。元禄の初めには六人に一人が〝唐人さん〟の状態で、もはや町全体がゆるやかな〝チャイナタウン〟であった。

しかしやがて彼らも町から追われる。貿易の制限を超えた荷物の多くが密かに取引されたこと、あるいは中国経由でふたたびキリスト教が入ってくることが懸念され、日本人との隔離策が取られたのだ。一六八九年、唐船を係留する梅ヶ崎近くに「唐人屋敷」が完成し、市中の中国人が収容された。前の浜も埋め立て、密貿易と火事から荷物を守るための「新地《しんち》蔵《くら》所《しょ》」とした。

唐人屋敷の跡はかつての「唐『館』」の「内」ということから、いまは「館内町《かんないまち》」となっている。蔵所の跡は、中華料理店が並ぶ「新地中華街」だ。四角い敷地と十字の道に、整然とした倉庫街の面影が漂っている。

外貨を獲得する遊郭と遊女たち

出島に〝西洋〟を閉じ込めて約五十年後、唐人屋敷に〝中国〟が閉じ込められた。その間、町から隔離された場所がもうひとつある。遊女の町、丸山だ。

長崎の遊郭は、開港後ほどなく博多の遊女屋がやってきて「長い岬」を下った埋立地に店を開いたのが始まりという。貿易商人たちは国の内外を問わず、少なくとも長崎滞在中は独り身の男だ。遊女屋は栄え、軒数も増えた。ちょうど出島にオランダ人が入ったころ、町はずれの山のふもとにあった太夫町に町中の遊女屋が集められ、奉行の管轄下に置かれた。そのころの『寛永長崎港図』（83頁図37）を頼りにして見ると、「長い岬」の町からは、大小合わせて四、五本の川を渡った先にある。やがて最後の二つの橋は「思案橋《しあんばし》」「思切橋《おもいきりばし》」となり、客は「見返り柳」に送られて大門をくぐった。東西に丸山町、南北に寄合町。山ひだに包まれた約一万坪の遊郭には、規模も格式もさまざまな遊女屋が並び、近隣の町も繁華街として賑わっていく。出島や唐人屋敷には遊女が出張し、馴染みになれば半ば住み込みとなり、揚代《あげだい》（代金）だけでなく高価なプレゼントも贈られた。それはもはや貿易の取引レベルの外貨獲得であり、実際に揚代は長崎会所を通して支払われた。

長崎にとって丸山は単なる〝悪所〟ではなかった。〝貿易センター〟の町においては、官民上げての社交の場であり、貿易業務を円滑に進めるため、さらには長崎の町が貿易以外の収入を得るための重要なセクションだった。まさに井原西鶴がいう「長崎に丸山というところなくば　上方の金銀無事に帰宅すべし」であり、〝無事に帰宅〟しなかった金銀が長崎の町を潤したのだ。

親兄弟だけでなく町の経済をも支えていた遊女は、多くが長崎の町の娘たちだった。遊女奉公はよくある〝就職先〟で、年季が明ければ元の生活に戻って結婚もし、特に蔑《さげす》まれることはなかったという。とはいえ、もとから裕福な家の娘が遊女になることはなく、丸山は町からいくつもの橋を越えた果てにあった。

長崎ではよく「和華蘭」なる言葉を目にする。「わからん」と読み、「和」は日本、「華」は中国および中華世界、「蘭」はオランダを含む西洋を表す。長崎はいつの時代も外国と交わってきたが、異国情緒のイメージはまず「鎖国」の時代にあるだろう。しかしオランダ人は出島に、中国人は唐人屋敷に閉じ込められていた。さらに彼らを魅了した「和」である遊女たちもまた、丸山という限られた空間と社会に生きた。

江戸時代の地図を見れば、出島、新地と唐人屋敷、丸山は、町の周縁につながっており、いまとなっては外付けの記憶装置のようにも見える。三つのエリアは、かつての海や丘を挟みつつも隣り合っているので、歩くだけなら一時間もかからない。そこにはたしかに、いまとは違う「和華蘭」の名残りが保存されている。

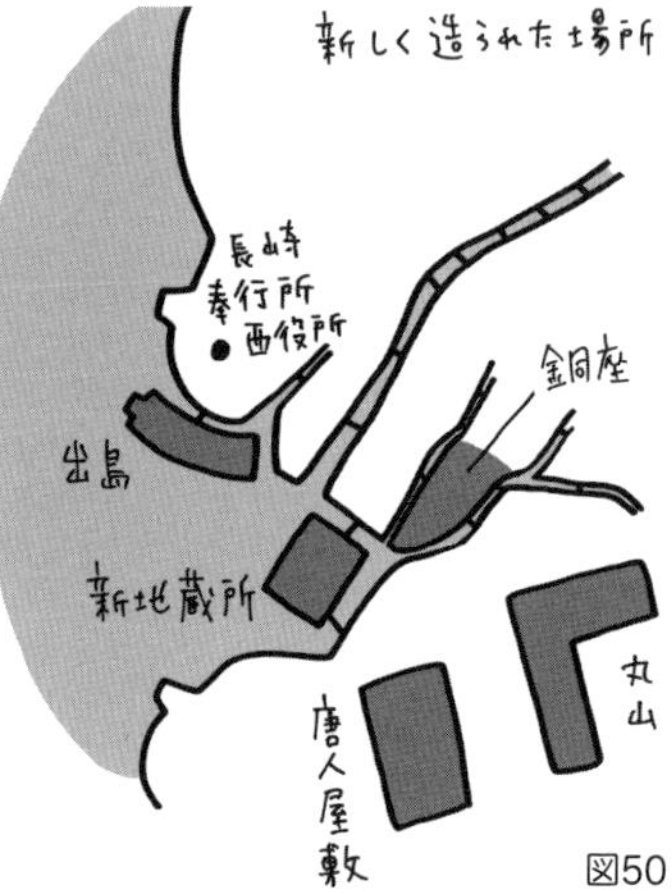

図50

「忠臣蔵」の元祖は長崎だったのか

必要とされつつ、離される。地図のスケールを広げれば、閉ざされた国の西の果てで外国船を受け入れる長崎そのものが、出島や唐人屋敷、そして丸山のような存在だった。幕府の直轄領として長崎奉行の支配下にありながら、開港以来築き上げられてきた独特の雰囲気や感覚が、長崎の町には息づいていた。町人の隆盛はそのひとつであり、一七〇一年の「長崎喧嘩（深堀《ふかほり》騒動）」は、そんな空気の中で起こった事件だ。

時は旧暦の十二月十九日。かつて「慈悲屋」のミゼリコルディア、のちに大音寺、当時は天満宮、現在は長崎地方法務局前にある石段で、町年寄・高木家の使用人と、佐賀鍋島藩深堀領の武士がすれ違った。足元にぬかるんでいた泥まじりの雪を武士が跳ね、使用人の着物に飛んだのが発端だ。その場は口論で済んだが、使用人は仲間とともに波止場近くの深堀家の蔵屋敷に押しかけ、武士の命である刀を奪って帰った。翌朝にかけ、今度は武士たちが大川の河口の高木家の屋敷を襲撃し、主人の高木彦右衛門を斬殺した。当事者であった武士はその場で、同行者はすぐそばの大橋で切腹する。のちに深堀家側の関係者は切腹や島流し、騒動に加担した高木家の使用人は全員斬首《ざんしゅ》の上、家は実質取り潰された。

高木家は、貿易も町の運営も町人が仕切る長崎において、中心的な名家であった。日常的な感覚としては、下級武士よりもはるかに〝偉い〟存在だったろう。しかし騒動によって下された罰とダメージは高木家のほうが大きく、後には「驕れる町人」「当然の報い」とまで語られた。おなじ年に起こった赤穂事件からの討ち入りには、この「長崎喧嘩」の顚末が影響しているともいう。江戸時代が始まって百年、武士よりも強い経済力を持つ町人が増えてはいたが、一方では武士を上に置く身分の固定化、差別化が進んでいった。

図51　大音寺坂

商売も学問も充実の長崎ライフ

「長い岬」の六町から始まった長崎の町は、岬の周りを埋め立てながら広がり、両側の山裾が寺町で固められた。岬の先に出島、南側の丘に丸山と唐人屋敷が開かれ、その前にもうひとつ新地蔵の島ができた。南側の丘と町のあいだには長らく波が寄せていたが、やがて陸地になった。江戸時代の大規模な埋め立ては、これでほぼ打ち止めだ。〝最後の埋立地〟には、輸出品の中心となっていた銅を鋳造する「銅座《どうざ》」ができた。

長崎での銅生産は十年ほどで終わったが、大坂の鰻谷《うなぎだに》にある住友の銅吹所で精錬された竿銅《さおどう》は、オランダ船にも唐船にも多く積み込まれて海を渡った。当時の日本は世界一の銅の産出国である。オランダ商館長が江戸に上って将軍に謁見する「江戸参府《えどさんぷ》」の道中では、大坂の精錬所に立ち寄るのが常だった。長崎では港のそばの浦五島町に住友家の〝支店〟があり、大坂から運ばれた銅が出島や唐人屋敷に出荷された。

〝貿易センター〟の長崎には、住友に限らず、江戸や大坂、博多など全国の商人が滞在していた。港の警備を担当する西国の諸藩は蔵屋敷を構えて「長崎聞役《ながさきききやく》」を置き、あるいはなじみの商家を連絡係とした。長崎の町には各地の大店《おおだな》の〝支店〟や、藩の〝出張所〟が林立していたのだ。小倉藩と長州藩の屋敷のあいだの坂は関門海峡に見立てられ、いまも「巌流《がんりゅう》坂」の名が残る。

一方では、海外の学問や芸術に触れようと、留学ならぬ〝遊学の徒〟も多く訪れた。出島の商館員や商館医にはヨーロッパの科学に通じる者がおり、中国人や彼らと接する唐通事にも、高い教養を持つ者が少なくなかった。渡来品の鑑定をする地役人の「唐絵《からえ》目《め》利《きき》」が画家としても活躍するなど、長崎ならではの学芸が発展していたのだ。国内で儒学が盛んになると、漢詩文や中国趣味への志向が高まり、唐人屋敷の「来舶清人《らいはくしんじん》」を取り巻くサロンもできた。

　オランダ語の通訳である阿蘭陀通詞は、ヨーロッパの学術書の翻訳や辞書の作成も行い、語学はもとより、自然科学、軍事学、天文学から医学まで、幅広い知識を身につけていた。杉田玄白《げんぱく》の記した『解体新書』には、阿蘭陀通詞の中でもっとも地位が高かった吉雄耕牛《よしおこうぎゅう》（1724－1800）が序文を寄せている（図は『吉雄耕牛画像』長崎歴史文化博物館蔵より）。耕牛の屋敷は「長い岬」の先端、西役所に面する外浦町にあった。イスやテーブル、ギヤマングラスの調度品が並び、ワインが供される「阿蘭陀部屋」は、長崎随一の〝VIPルーム〟として知られた。平賀源内、司馬《しば》江漢《こうかん》、大槻玄沢《おおつきげんたく》らをはじめとする日本の頭脳は、長崎に遊学することで世界基準にアップデートされ、さらに各地で学問を発展させてい

吉雄耕牛

った。

貿易の利益、海外の知識や文化などを求め、多くの人々が長崎を目指した。長崎奉行にしても役職本来の収入とは別に、貿易品を安く手に入れたり、オランダ商館や唐館、町や寺社などからの贈りものを受ける特権があり、いちど任を務めれば一財産を築いたのだ。ここにいるあいだは、だれもが華やかな長崎ライフを楽しみつつ、得るべきものを手にしていた。

彼らはこぞって丸山の茶屋に繰り出し、盃を交わした。ここで発達した長崎名物の卓袱《しっぽく》料理は、席の上下にこだわらずに丸いテーブルを囲み、大皿に盛られた〝和華蘭〟の美味を直箸で取り分ける。〝取り皿は一人二枚〟が正式なのは、もとは家庭でのもてなし料理だった名残だ。国許《くにもと》にいてはなかなか出会えない人たちと、お互いの立場や利害をいったん保留して無礼講で楽しむひとときは、大いに実りあるものだったろう。長崎は人と知のネットワークを生み出す町にもなっていた。

卓袱料理

ロシアとイギリス、二つの入港事件

海外への窓口となっていた長崎には、いくつもの事始めがあり、ゆかりの地に立つ碑も多い。かつて唐船が係留されていた梅ヶ崎、現在の「長崎みなとメディカルセンター」裏には「我が国最初の気球飛揚の地」の碑がある。一八〇五年一月に気球を揚げたのは、当時入港するはずのないロシア船の乗組員だった。通商を求めてやってきた使節団の船は、ひとまず港に留め置かれ、一行は梅ヶ崎の仮館に滞在した。港の空に浮かぶ気球に驚いた長崎の人々は、それを真似たランタン状のものを、お盆のお墓で飛ばすようになったという（次頁の図は『長崎古今集覧名勝図絵』より）。半年後、幕府は通商を拒否して船を出港させたが、気が済まないロシア側は、その後、樺太《からふと》や択捉《えとろふ》を攻撃した。

ロシア船が出港して三年後、今度はイギリス船フェートン号がやってきた。しかも偽りのオランダ国旗を掲げた軍艦である。出迎えたオランダ商館員を人質に取って食料を要求し、港内の船を焼き払うと脅してきた。長崎奉行の松平図書頭《まつだいらずしょのかみ》（１７６７-１８０８）は船を焼き討ちにするつもりだったが、警備当番の佐賀藩は、その年のオランダ船の入港はないと判断して兵を地元に帰していたので、すぐには出撃できなかった。オランダ商館長ドゥーフ（１７７７-１８３５）の助言もあり、要求されるままに水や食料、薪を渡すと、フェートン号は人質を解放して出港する。図書頭はその夜、責を負って自刃した。

これらの事件により、幕府はロシア船打払令を出すなど「鎖国」の強化に努めたが、世界規模で起こる欧米各国のアジア進出の流れは止めようもない。幕末の開国のちょうど五十年前、ロシアの船が現れて、見たこともない気球が揚がったのは、その予兆だったのだろうか。

気球を揚げるロシア兵

出島がピンチ！　オランダ船途絶える

フェートン号の長崎来航は、一七九五年にフランスがオランダを占領したことにはじまる。フランスと争っていたイギリスが、出島を管轄するバタビア（ジャカルタ）を接収するため、オランダ船を追って長崎に入ったのだ。その後オランダはフランスに併合されたので、オランダ国旗が掲げられているのは、地球上で出島の商館だけという時期もあった。このころの〝オランダ船〟は、チャーターされたアメリカ船が入ればいいほうで、入港しない年も続いた。船が入らなければ商売はできない。困窮する商館を、長崎の人々は惜しみなく支えた。数々のトラブルを乗り越えながら、商館長ドゥーフは十八年間長崎に滞在した。その間、阿蘭陀通詞とともにオランダ語の辞書『ドゥーフ・ハルマ』を編纂《へんさん》し、馴染みの遊女とのあいだに息子を授かった。帰国の際は、息子・丈吉《じょうきち》の処遇と多額の財産を長崎の友人たちに託している。丈吉は父の姓に漢字を当てて「道富《みちとみ》」と名乗り、役人に取り立てられたが、若くして亡くなった。墓はいまも寺町にある。

　ドゥーフの下で荷倉役だったブロンホフ（１７７９－１８５３）は、イギリス船との交渉に備える阿蘭陀通詞たちに英語を教え、辞書を編纂した。商館長として再来日した時には妻を連れてきたので、西洋の女性を見たことがなかった人々は驚き、その姿を写した絵や人形は、長崎名物となった。彼らのほかにも、滞在時の日本を記録した商館長のティチングやメイラン、商館医のケンペル、植物を研究したツュンベリーなど、出島からは単なるビジネスに収まらない交流や業績が生まれた。初めはなりゆきで隣人となったオランダ商館と長崎の人々は、いつしかお互いにかけがえのない存在となっていた（次頁の図は古賀人形の西洋婦人）。

シーボルトはスパイだったのか

神を招く扇の形をした出島は、長崎そして日本の玄関口となり、そこに降り立つ異邦人たちは、来訪神さながらに未知の文物をもたらした。逆に、海の向こうからやってきた彼らにとって、この島から見える神秘の国・日本のすべてが宝の山だった。当時の日本人にとっては他愛もない日常の風景や草花が、学術、産業、外交戦略において、大きな価値と可能性を持っていたのだ。彼らはあらゆるものをコレクションし、詳細なレポートを書いた。

その中で質量ともに突出していたのが、一八二三年に来日したシーボルト（1796－1866）だ（左頁の図は『シーボルト肖像画』〈長崎歴史文化博物館蔵〉と『シーボルト妻子像螺鈿合子《らでんごうす》』〈シーボルト記念館蔵〉より）。ドイツ人の医師で、自然科学や民族学などを幅広く修めた博物学者でもあった。東インド総督の命を受け、日本の動植物や産業、特産品、歴史や社会構造、生活習慣など、およそ目につくものすべてを調査し、資料を収集した。そのコレクションには豪華な長崎刺繍を施したくんちの衣装から歯磨き粉、オランダに連れ帰った愛犬の剝製ま

古賀人形・西洋婦人

でもある。

出島の家が手狭になると、かつての長崎甚左衛門の村の奥に家を借り「鳴滝塾《なるたきじゅく》」を開いた。日本全国から集まった門人に西洋の学問を教え、門人は日本についての様々な論文を提出し、お互いの研究の糧とした。商館長の江戸参府に同行した際には、多くの学者や大名、役人と会い、知見や文物をやり取りしたが、そこには精密な地図などの国家機密レベルのものが含まれていた。

一八二八年の帰国を目前にして、幕府の高官や医師が御禁制の品をシーボルトに渡していたことが発覚する。江戸と長崎で取り調べが行われ、逮捕、投獄者が続出した。シーボルトも厳しく尋問されたが、協力者の名は明かさず、自身の帰化をも願い出ている。しかし関係者は処罰され、シーボルトは国外追放となった。

これらの顚末により、彼を〝スパイ〟と見なす説が根強いが、滞在の間に家族や友人への愛情と、日本に対する学術的な興味関心が、その任務をいくばくか上回った可能性もあるのではないだろうか。帰国後は対日外交に関わりつつ、日本

の門人たちと連絡を取りながら、資料の整理と研究を進めた。その成果である大著『日本』『日本動物誌』『日本植物誌』は、欧米諸国が日本を知る手掛かりとなり、やがてやってくるペリーもこれに思いを巡らせていた。妻のタキとの間に生まれた娘のイネは医学を修めて日本初の女性産科医となり、宮内庁の御用係も務めた。

たとえシーボルトがいなかったとしても「鎖国」の扉は開かれ、日本の風景や人々の生活は変化しただろう。しかし彼がいたからこそ、残ったものもたしかにあるはずだ。動植物の剥製や標本、手工芸品、仏像や建物の模型、着物、日常使いの食器、こまごまとした日用雑貨、風俗や習慣を写した絵図……（図は『大出島展』『よみがえれ！　シーボルトの日本博物館』展図録より）長年構想していた「日本博物館」の建設こそ叶わなかったが、彼のコレクションはオランダ・ライデンの国立民族学博物館の礎《いしずえ》となり、ドイツやロシアの博物館に収蔵された品々とともに、江戸時代後期の日本と長崎の姿を伝えてくれる。

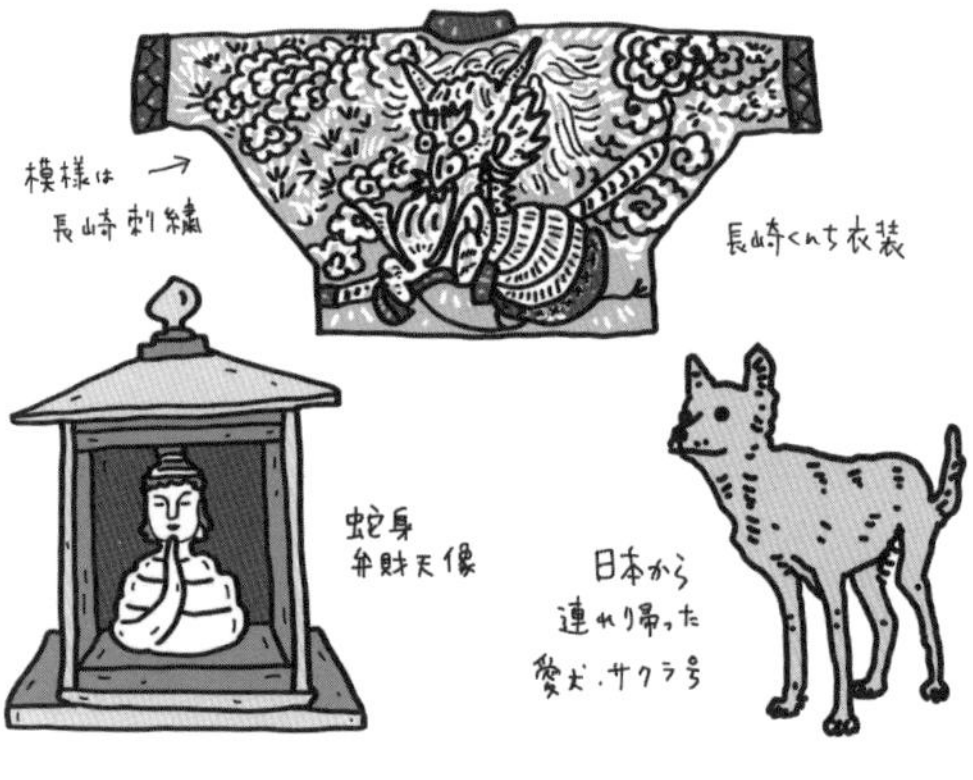

新時代の呼び声となった砲声

十九世紀に入ってロシア船とイギリス船が相次いで来航したことから、長崎港内外の台場は七ヶ所から二十四ヶ所になり、福岡藩と佐賀藩が管理した。さらに港の奥、出島や新地、大波止など町のまわりにも大砲を据え、こちらは長崎の地役人が管理を担った。それまでの貿易業務や町の運営とは畑違いではあるが、砲術を習得し、町の守りを固めた。

出島を受け持っていた町年寄の高島秋帆《たかしましゅうはん》（1798－1866）は、商館員からヨーロッパの軍備や戦術を直接教わり、高島流砲術を完成させた（図58）。西洋砲術の必要性を幕府に上申すると、オランダから買い付けた武器を使い、江戸で演習を行った。これは成功に終わったが、長崎に帰ってすぐに逮捕され、江戸で収監《しゅうかん》される。西洋や蘭学を嫌う幕臣の策略、あるいは長崎会所改革のためともいうが定かではない。一八五三年にペリーの艦隊が浦賀に現れると、赦免《しゃめん》された秋帆は開国を進言し、江戸の台場の建設や砲術の伝授に奔走した。最初の演習地である徳丸ヶ原は、のちに板橋区のマンモス団地の地、高島平となる。

長崎には、ペリー来航の年にロシア使節、翌年はイギリス使節の艦隊が入港した。幕府は日米和親条約、日英和親条約、日露和親条約を結び、蝦夷地（北海道）箱館（函館）と伊豆の

図58　グラバー園にある高島砲

下田の港を開く。出島最後のオランダ商館長となるクルチウス（1813－1879）は、それらの交渉や軍艦の調達、海軍の創設を助けた。オランダの条約締結が一足遅れとなったのは、自国の利益確保を見据えながらも、長年の友人である長崎そして日本への協力を優先させたことによる。クルチウスはまた、国際社会から非難されるとして、絵踏みを廃止することを強く提案し、二百数十年来の〝年中行事〟は終わりを迎えた。

一八五五年、長崎の港にオランダの軍艦二隻が到着すると、ヨーロッパ式の軍事や航海術、造船、算術などの訓練が始まった。勝麟太郎（海舟）らの幕臣や諸藩の子弟たちが学んだ海軍伝習所は「長い岬」突端の長崎奉行所西役所に設けられ、次いで医学伝習所も開設された。このほか「諏訪の杜」の英語伝習所、本興善町《ほんこうぜんまち》の活版伝習所、大隈重信も学んだ佐賀藩の藩校、ヨーロッパ式の病院である小《こ》島養生所《しまようじょうしょ》などが最新の学問と技術を伝え、現在も続く数々の施設や学校へと発展していく。

近世から近代へ。またもや西の果ての長崎を突破口に新しい時代が開かれようとしていた。

第五講

開国と近代化、そして原爆

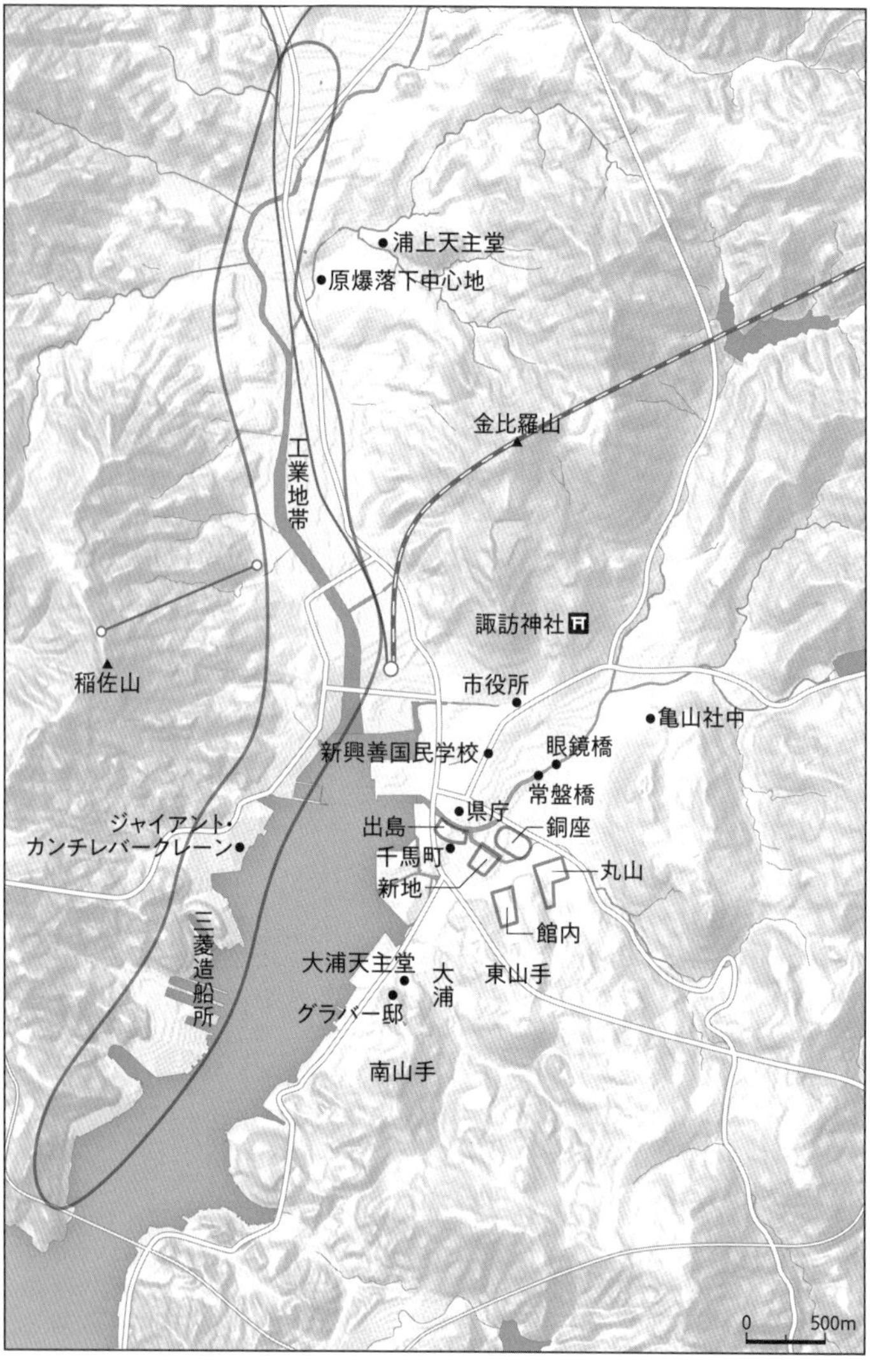
浦上天主堂
原爆落下中心地
工業地帯
金比羅山
諏訪神社
稲佐山
市役所
亀山社中
新興善国民学校
眼鏡橋
常盤橋
県庁
出島
銅座
ジャイアント・
カンチレバークレーン
千馬町
丸山
新地
館内
三菱造船所
大浦天主堂
大浦
東山手
グラバー邸
南山手
0
500m

二つの世界遺産がある町

長崎県には二つの世界遺産がある。

二〇一五年登録の「明治日本の産業革命遺産」と二〇一八年登録の「長崎と天草地方の潜伏キリシタン関連遺産」だ。どちらも複数の構成資産からなっており、二十三の「産業革命遺産」は八県、十二の「潜伏キリシタン関連遺産」は二県にまたがっている。

長崎市内の「産業革命遺産」の構成資産は「旧グラバー住宅」や「小菅修船場跡《こすげしゅうせんばあと》」、三菱重工長崎造船所でいまも稼働する「ジャイアント・カンチレバークレーン」、長崎港外の「端島《はしま》炭坑」（通称・軍艦島）と「高島炭坑」など八つ。「潜伏キリシタン関連遺産」は「外海《そとめ》の出津《しつ》集落」「外海の大野集落」「大浦天主堂」の三つだ。

近代化も潜伏キリシタンも、これまで見てきた長崎の町の歴史があってこそだが、開港以来の旧市街の範囲に構成資産はひとつもない。「旧グラバー住宅」と「大浦天主堂」は、唐船が浮かんでいた梅ヶ崎の南側、もとは大村領だったところで、造船所関連の「ジャイアント・カンチレバークレーン」などは港の西岸にある。どれも幕末以降に新しく造成された土地に生まれたものだ（図59　明治日本の産業革命遺産地図）。

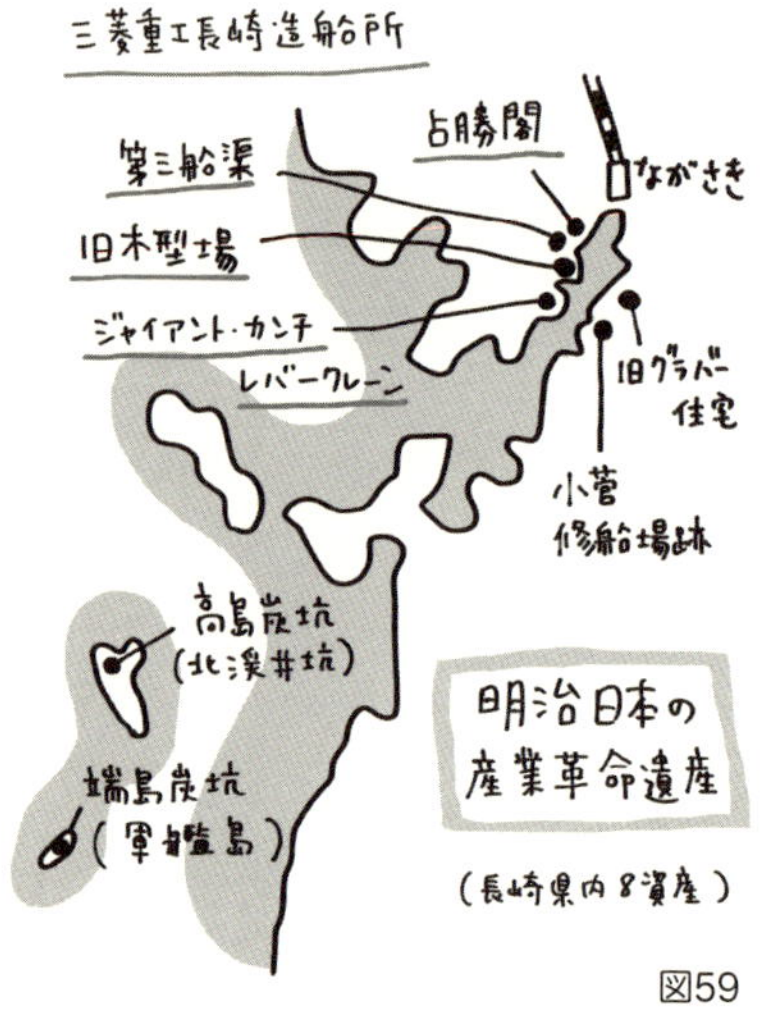

図59

　幕末の一八五四年に下田と箱館が開港し、長崎は海外への〝唯一の〟窓口ではなくなった。しかし外国とのやり取りには三百年来のものがあり、中国における欧米の拠点だった上海にも近いことから、引き続き貿易港として開かれた。外国人居留地を設けることになったが、旧来の町にまとまった土地はない。そこで町の南にある「大浦《おおうら》」の海岸を埋め立て、周りの丘に「東山手」「南山手」を造成する。有名観光地のひとつ「オランダ坂」はこの時期にできたものだ。オランダ以外の国の人々も暮らしたが、出島に親しんできた長崎の人にとっては、西洋人はみな「オランダさん」であった。よく知られている活水女子大学下の坂（図60）だけでなく、ほかにもいくつかの「オランダ坂」がある。

　大半は大村領であったが、替え地が与えられて一帯は天領とされた。振り返ってみれば、これまでも長崎の町が広がるたびに、大村領だったところが天領とされてきた。出島はオランダ商館が廃止されて居留地の一部となり、徐々に周りが埋め立てられ、シンメトリーな扇形は失われていく。

居留地の造成と時をおなじくして長崎に現れたのが、イギリスのスコットランド出身、二十一歳のトーマス・グラバー（1838-1911）だ。まずは商社の代理人、やがてグラバー商会を立ち上げ、お茶から武器、蒸気船の取引までを幅広く手がけた。世界遺産の「グラバー住宅」は彼が南山手に建てたゲストハウスで、内外の商人だけでなく、諸藩の人々や幕末の志士たちも訪れた。広い庭からは、変わりゆく長崎の町が見渡せる。港の向こうの飽《あく》ノ浦《うら》では、海軍伝習の艦船修理を行う「長崎製鉄所」が、近代化と産業革命の波に乗り、次々

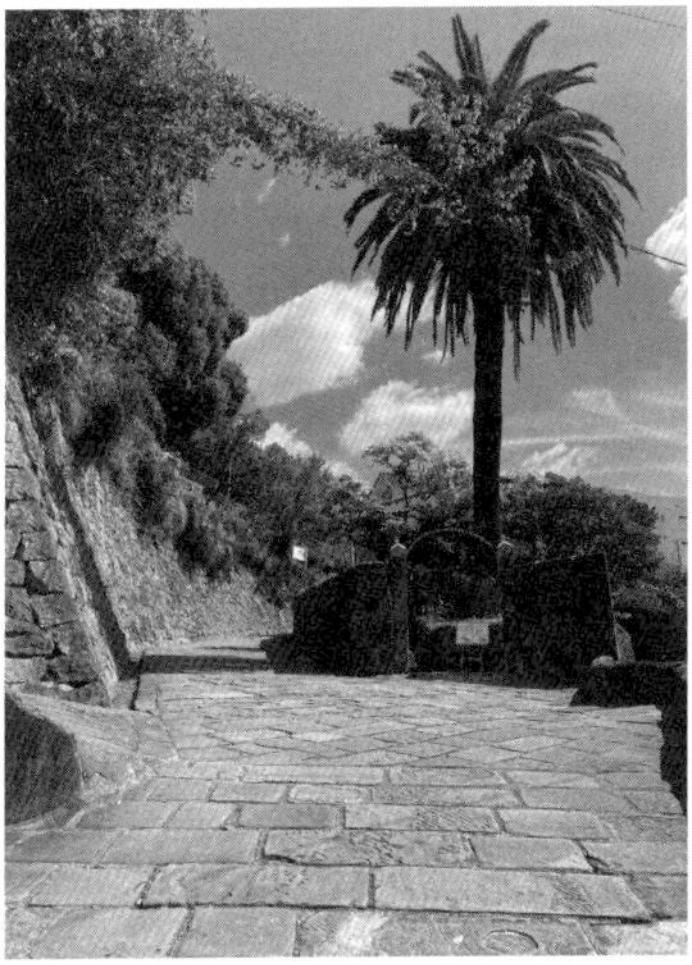

図60　東山手のオランダ坂

に周りの海岸を埋め立てながら広がっていた。

一八六五年、順調に業績を上げていたグラバーは、大浦の海岸通りに線路を敷いて、小さな蒸気機関車を走らせた。できたばかりの土地で、その後の社会も変える力がうなりを上げたのだ。同年、坂本龍馬（1835-1867）が、日本初の商社とされる「亀山社中《かめやましゃちゅう》」を長崎で結成した。のちの「海援隊《かいえんたい》」もあわせ、武器や艦船の調達、薩長同盟の成立など、倒幕に向けた強い流れを生み出していく。近代的な産業や学問が起こり、貿易に沸く幕末の長崎は、国の運命をも左右するエネルギーにあふれていた。

八万四千日ぶりの信徒発見

一八六五年にはまた、二百五十年ほど前に長崎の町から姿を消したものが現れた。カトリックの教会である。

おもに欧米人が暮らす大浦から南山手にかけてのエリアには、各国の領事館や商社、倉庫、住宅、学校、ホテルなどのほか、生活に欠かせないものとして、キリスト教の教会も建設された。開国後も禁教令は敷かれていたが、外国人はその適用を受けなかった。

一八六五年の春に献堂された「大浦天主堂」の正式名称は「日本二十六聖殉教者聖堂」で

ある。港をはさんだ西坂の丘で二百六十八年前に殉教した二十六人に捧げられたものだ。殉教から三十年後の一六二七年、聖人の前段階である「福者《ふくしゃ》」となっていた二十六人は、開国した日本への再布教の期待も込めて、一八六二年に列聖《れっせい》されたばかりだ。この天主堂は居留地のフランス人向けの教会ではあったが、その場所はもっとも〝日本側〟に近く、正面には大きな十字架と「天主堂」の文字を掲げていた。赴任してきたプチジャン神父（1829－1884）はたびたび町へ出て、時にはわざと落馬しながら人々の目を引いたという。東アジアで活動するパリ外国宣教会所属の神父は、禁教下で生き延びているかもしれないキリシタンの子孫を探す使命も帯びていたのだ。

浦上で潜伏を続けてきたキリシタンたちも、開国以来、港に入ってくる船に注目していた。二百数十年以上前の「バスチャンの予言」が「七代ののちに、告解のできる神父が黒船に乗ってやってくる」と伝えていたからだ。彼らは先にできたプロテスタントの教会も訪問したが、牧師に妻を紹介されたので、二度と訪れることはなかった。彼らの〝パードレ〟であるカトリックの神父は、独

図63　信徒発見のレリーフ

身のはずである。

天主堂が献堂されて間もない三月十七日、浦上の人々はふたたび居留地を目指した。浦上と大浦のあいだには、長崎の町がある。十数名が三つの班に分かれ、二班は徒歩で、一班は船で向かったという。どの班も長崎の町の中は避け、人目につかない道を選んだことだろう。昼すぎに合流して天主堂に着くと、プチジャン神父が彼らを招き入れた。祭壇に祈りを捧げる神父に女性たちが近づいてきて「われらのむね、あなたのむねとおなじ」と打ち明け「サンタ・マリア、御像《ごぞう》はどこ？」と尋ねた。神父が驚きながらも案内すると（次頁の図は、堂内に現存する聖母子像）、一行は「幼子イエスさまを抱いておられる」と喜び、さらに神父が独身かどうかを確認した（図63　上五島出身のカトリック信徒で、聖像の彫刻やフレスコ画などを多く制作した中田秀和による、信徒発見百周年記念レリーフ）。

さらに彼らはその日「悲しみの節」を過ごしていると告げた。神父はそれが、復活祭前の四旬節《しじゅんせつ》だと察し、彼もまたおなじ「悲しみの節」にあると答えた。一六一四年の禁教令から二百五十一年、一六三四年の「バスチャンの日繰」から二百三十一年。八万四千日あまりの日々を超え、海の向こうからやってきた神父と〝七代〟潜伏していたキリシタンの暦が、ここに重なったのだ。世界宗教史上の奇跡と呼ばれる「信徒発見」の瞬間であった。

三千四百人が流された浦上四番崩れ

二百三十年間続いた絵踏みは明治維新の十年前に廃止され、外国人のための教会は開かれていたが、日本人がキリスト教を信仰することは、まだ許されていなかった。しかし〝発見〟された浦上のキリシタンは、天主堂に通うだけでなく、集落に秘密教会を設けて神父を招くようになった。さらには、自分たちの力で伝えてきた祈りや儀式が、ローマ教皇庁から「本質は守られている」と認められ、大いに力付けられた。

信徒発見の聖母子像

「信徒発見」から二年が過ぎるころ、彼らは所属する寺の僧侶を呼ばず、自分たちで葬儀を行うと公言する。江戸幕府は、すべての民衆が仏寺の檀家となって身分を証明する証文を受けることを定めていた。この証文は、旅行や引っ越しの際にも必要であった。葬儀は僧侶が執り行っており、これを断ることは当時の社会基盤のひとつである寺請制度と禁教の高札に、真っ向から反することだった。

図65　大浦天主堂横の「祈念坂」

信仰組織が摘発、弾圧されることを「崩《くず》れ」という。浦上ではそれまで、三度の「崩れ」が起こっていた。ご禁制のキリシタンが見つかれば、代官や奉行も責任を問われる。どれも密告だったことから、書類の上では「異宗」「心得違い」などと処理されてきた。しかし今回は〝七代〟待ちわびた予言が成就し、信仰の正しさに確信を得たキリシタン自らの信仰宣言である。一八六七年、長崎奉行所は、キリシタンの組織や秘密教会の実態を三ヶ月ほど探ったのち、四つの秘密教会へ踏み込んだ。七十人近いキリシタンが捕縛、連行され、かつてのクルス町である桜町の牢屋に囚われた。

その直後に幕府が倒れ、明治政府となっても禁教の方針は変わらず、浦上のキリシタン全

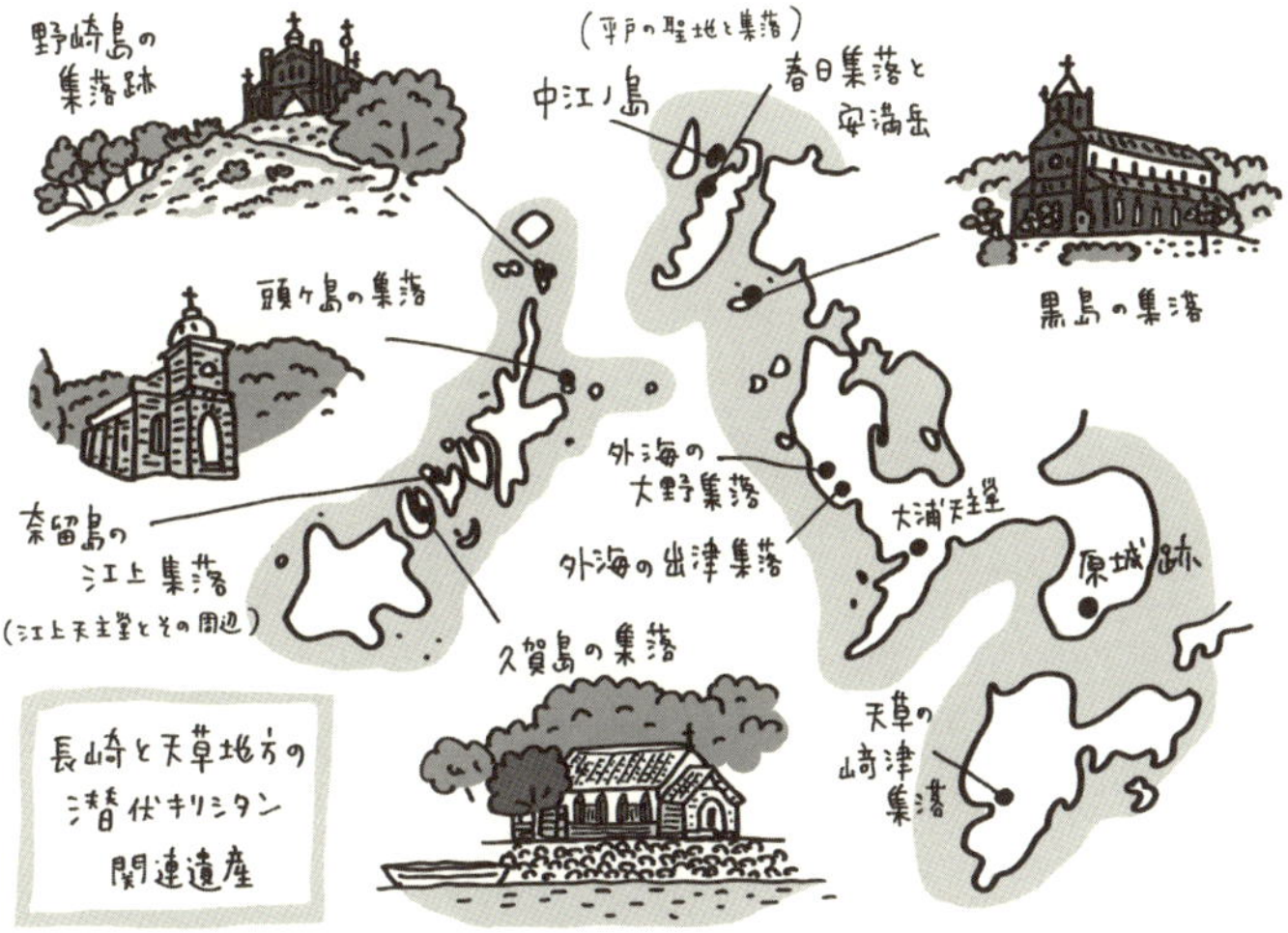

員の流罪が決定する。およそ三千四百人が、萩や津和野、金沢など全国二十藩に流され、雪の中での水責めや、人一人が入れるだけの「三尺牢」への収容など、残忍な扱いや拷問を受けた。また、江戸後期に大村藩の外海地区から移住した五島の潜伏キリシタンも、浦上の信仰表明に倣ったことで激しく弾圧された。石抱きや算木責めなどの拷問が行われ、狭い牢屋には身動きが取れないほど多くの人が押し込まれて、子どもや老人から次々と息絶えていった。

　これに対し、諸外国からは非難の声が上がる。近代化に向けて各国を回っていた岩倉具《とも》視《み》（1825－1883）らの欧米使節団も、行く先々で抗議を受けた。明治政府は再三拒んだが、一八七三年に「一般熟知の事に付」

図67 「信仰乃礎」の碑

キリシタン禁制の高札を取り除く。〝みんな知ってるから〟あえて掲げないという建前だ。禁教の撤廃や信教の自由については明言しないままだったが、ともかく明治政府による大弾圧「浦上四番崩れ」は、外圧により中止され、浦上のキリシタンは解放された。大日本帝国憲法が一定の「信仰自由」を規定するのは、十六年後の一八八九年。その後も国家神道や軍国主義などとの兼ね合いで、特定の宗教団体が弾圧されることはあった。とはいえ、ひとつの村を総流罪にし、多くの犠牲者を出した浦上四番崩れは、二百五十年以上続いた禁教令の終焉《しゅうえん》でありながら、日本で最後かつ最大とも言える宗教弾圧事件だった。

「旅」と呼ばれる配流《はいる》のうちに、六百人以上が命を落とし、家は荒れ、家財道具はすっかり略奪されていた。しかし彼らはバスチャンの予言通り、今度こそ「堂々とキリシタンの歌を歌うことができる」日々を手に入れたのだ。朝から晩まで働き、日曜日には大浦の天主堂でミサにあずかる。長年絵踏みをさせられていた庄屋屋敷の土地を手に入れると、念願の天主堂建設を始めた。五島各地のキリシタンの集落でも教会が建てられ、信仰のよりどころとなった（図67　浦上天主堂に立つ、「旅」を記念した「信仰乃礎」碑）。

ハムも写真も長崎から

大政奉還の直前に長崎に赴任した長崎奉行・河津《かわづ》祐邦《すけくに》（1821－1873）は、倒幕の気配濃厚となったところで、イギリス船に乗って長崎を後にする。河津は〝夜逃げ奉行〟などと呼ばれたが、長崎の幕府支配は、武力衝突や外国勢の介入もなく終わった。

主人なきあとの長崎奉行所西役所には、福岡、鹿児島、佐賀などの諸藩と地役人による「長崎会議所」が設けられ、その後明治政府は「長崎裁判所」「九州鎮撫《ちんぶ》長崎総督府」を置いた。ここでも「長い岬」の先端は重要な場所であり、やがて「長崎県庁」となる。廃藩置県後に設けられた県の序列において、長崎県は全国六位、九州では一位であった。

鎮撫総督であり、長崎府知事となる公家出身の澤宣嘉《さわのぶよし》（1836－1873）が長崎入りした際には、家々に国旗や提灯を掲げての大歓迎だったという。中央からやってくるトップが奉行だろうが総督だろうが、町の人々が実務を行うことに変わりはない。あるいは阿蘭陀通詞や唐通事、貿易の実務に長《た》けた者は、すでに江戸や横浜、神戸などに移り、その才を活かしていた。

図68

長崎の町では印刷や写真術、ハムの製造からボウリングまで、現在のテクノロジーやレジャーの元になる〝事始め〟が次々と誕生していた。中島川には日本初の鉄橋が架けられ、日本の写真術の開祖とされる上野彦馬（1838-1904）の写真館には、幕末の志士や居留地の外国人が続々と訪れては、その面影を焼き付けた。袴にブーツを履いた坂本龍馬の写真は、ここで撮られたものだ。上野は金星の観測写真も手がけ、西南戦争では〝従軍カメラマン〟として撮影を行っている。多くの弟子が上野に学び、近世から近代に移りゆく日本各地の人々や風景を写真に収めた（図68の写真は、上野彦馬撮影「ドンの山から見た大浦居留地と長崎港（2）」。長崎大学附属図書館所蔵）。

港からは上海、ウラジオストクへと海底電信ケーブルが敷かれ、長崎はあらためて西洋と日本を結ぶ最先端の地となった。岩倉具視が禁教の撤廃を求めて中央政府に打電したメッセージは、このケーブルによって大浦天主堂近くの電信社へ届けられていた。

一八七二年、長崎は明治初の巡幸先のひとつに選ばれる。御召艦《おめし》は、グラバーの長兄がイギリスで建造したものだ。天皇が宿泊される行在所《あんざいしょ》は、「開港六町」のひとつであり、三百年来すべての町の筆頭を務めてきた島原町の町年寄宅である。天皇が来られて「バンザーイ！」ということで、島原町はこれを機に自ら「萬歳町《まんざいまち》」と名乗った（現在の万才町の一部）。「萬歳」を、天や海の彼方からやってくる神の芸能ととらえるならば、いままさに天皇が降り立った地にふさわしい名ではある。しかし長崎最古にして一番の町の名が、なんともあっけなく消えたものだ。これまで積み重なった歴史からひとまず解放され、到来する幸を待つ「長い岬」本来の役割を思い出そうとでもしたのだろうか。

富国強兵の波に浮かぶ軍艦島

長崎を代表する観光地である「グラバー園」には、世界遺産のグラバー住宅のほか、ウォーカー邸、オルト邸、リンガー邸など、製茶業や海運業などで成功した人の邸宅が保存展示されている。しかし初めこそ長崎にやってきた各国の商社や商人たちは、横浜や神戸など、大消費地の都市に近い港へと、次第に拠点を移していった。そこに現れた〝助け舟〟が、海軍伝習所と長崎製鉄所から発した造船業だ。一八八四年には土佐の岩崎弥太郎（1835－1885）率いる三菱の経営となり、造船は長崎の主力産業に成長していく（図は茶貿易で名を上げた大浦お慶）。

港外では石炭の生産が始まった。西彼杵《にしそのぎ》半島から長崎半島の西側にある海底には良質な石炭層があり、江戸時代から存在は知られていた。グラバーと佐賀藩は長崎港外の高島で機械化による開発を進め、本格的な採掘に成功した。高島の南には長さ三百メートルほどの岩礁があり、こちらも採掘の拠点となる。「端島」と呼ばれていた岩礁は埋め立てを繰り返し、昭和の初めまでに面積が三倍ほどになった。日本初の高層鉄筋コンクリート造のアパートなどが洋上に並ぶ姿は軍艦「土佐」に見立てられ、「軍艦島」と称される。これら二つの炭鉱も三菱の傘下に収まった。軍艦島は現在、世界遺産登録を機に注目が集まり、上陸遊覧ツアーが大人気だ（次頁の図は「成長」する軍艦島）。

外国商人を相手に
茶貿易を手がけた大浦お慶

政府が造船や海運へ力を入れるに連れ、長崎は貿易の町から工業の町へと変貌する。富国強兵の時代にあって、それは軍事の町になることを意味していた。武器や艦船については、幕末の居留地商人と鹿児島や佐賀など西国雄藩の取引実績がある。大陸に近い長崎は、地理的にも戦争の支援基地に最適だ。西南戦争、台湾出兵、日清戦争、日露戦争、第一次世界大戦……兵站物資から艦船の修理、傷病兵の病院まで、町はそのつど特需に沸いた。ほんの二十～三十年前までは、オランダ船や唐船が浮かんでいた港から、黒々とした蒸気船が石炭や兵士を乗せて出航していく。人力リレーによる石炭の積み込み風景は、長崎港の名物となった。

開国はまとまった居留地を、近代化と工業はさらに広い土地を必要とした。長崎は三方を山に囲まれ、そのほとんどが急な斜面か墓地だ。新しい土地は多くが海や川に求められ、大規模な造成や港湾施設の整備が

図70
端島から軍艦島へ

図71

行われた。それまでの長崎の象徴であった出島は、中島川の変流工事で扇形の内側の三分の一が削られ、外側はすっかり陸地になった。できたばかりの原っぱには、日露戦争で出征する軍馬が集められたので、のちに「千馬《せんば》町《ちょう》」と呼ばれた。西坂の丘を洗う浦上川の河口も埋め立てられ、祝意を込めて「幸町《さいわいまち》」「福富町」「宝町」「寿町」「八千代町」などと名付けられた（図71　出征前の軍馬。『ふるさとの想い出写真集　明治大正昭和　長崎』国書刊行会より）。

　三百年前の南蛮貿易に続き、日本の近代化の先鋒となった長崎は、交通網の確保やインフラ整備もいち早く行われた。オランダ商館長の江戸参府の行列も通った日見《ひみ》峠《とうげ》は日本初の有料道路として、人力車や馬車、やがては自動車が通る道として切り開かれた。コレラ流行からの下水道の整備は、日本初のダム式水道の供給まで発展し、路地裏の石張りの溝や強固なダムはいまも現役だ。ほかにも電気やガス、電話や郵便電信、学校や銀行などの教育、公共機関など、人々の暮らしを支えるものが、次々に整えられていった（図72　本河内低部ダム）。

キリスト教の教会も宗派を問わず立ちはじめ、西坂近くにあった大村藩屋敷の跡地には、二十六聖人殉教からちょうど三百年に当たる一八九七年に、カトリック中町教会が完成した。

一八九九年、長崎は軍事的に重要な港町として要塞地帯に指定される。水陸の形状がわかる撮影や測量、一定の高さ以上の建物の建設は禁止され、絵はがき一枚にも検閲済の印が押された。おなじ年には居留地制度が廃止となり、町はさらに変化の時を迎える。

図72　本河内低部ダム

多様性きわまる、ちゃんぽんの時代

要塞地帯の指定と居留地廃止の年、日本と外国の人々の社交場「長崎内外倶楽部」が設立された。発起人はグラバーと日本人女性のあいだに生まれた倉場《くらば》富三郎《とみさぶろう》（1871－1945）らで、会長には長崎市長が就任している。出島跡の一画に設けられたクラブハウスには、長崎の政財界を担う人々が、国の別なく集まって親睦を深めた（図73の写真は倉場富三郎。長崎歴史文化博物館蔵）。

図73

外国の人々にとって長崎は、居留地が廃止されてなお、居心地のよい町だった。大浦海岸通りの高級ホテルでは、ヨーロッパの調度品や電話、冷蔵庫までが揃い、美しいカトラリーを使った本格的なフルコースが供される。川沿いの酒場には、気軽な音楽と嬌声があふれていた。アジアの蒸し暑さに疲れたら、ひと足のばして避暑地の雲仙に向かえばいい。雲仙には富三郎の尽力で日本初のパブリックコースが開かれ、日本人も外国人も一緒に、ゴルフとバカンスを楽しんだ。

「旧居留地」となった大浦や東山手、南山手は、少しずつ寂れつつも、長崎の町と人々の生活に溶け込んでいく。宣教師らが開いた海星学校（現・海星学園）や活水女学校（現・活水学院）などのミッションスクールに長崎の町の子どもたちが通い、商店には本場仕込みのパンやバター、石鹸や文具などの日用品を求める人が訪れ、家財道具のオークション店には、日本人の古道具商も出入りした。居留地の〝欧米人エリア〟が途切れる梅ケ崎には、ユダヤ教の教会「シナゴーグ」があり、食料品店や雑貨商などを営むユダヤ人コミュニティの中心となった。

お隣の唐人屋敷から新地蔵にかけての一帯には、中国の内乱で帰国できなかった唐船の乗組員と、新たにやってきた貿易商などにより、あらためて〝チャイナタウン〟が形成される。出身地ごとのグループがあり、横浜や神戸を目指す人々も、まずは長崎の同胞を頼りにした。清朝が倒れ、中華民国が成立した辛亥《しんがい》革命で臨時大統領となった孫文（1866-1925）も、たびたび長崎を訪れている。革命に向けては、華僑だけでなく日本人の支援者も多くあり、中でも長崎の貿易商の家に育った実業家・梅屋庄吉《うめやしょうきち》（1869-1934）は、映画興行で成した財産で孫文の活動を大きく支えた。

〝チャイナタウン〟から〝日本〟に続く本籠町、船大工町の通りには、ロシア語の看板を掲げた土産物屋が続いていた。長崎はロシア艦隊の越冬地で、寄港のたびに町は賑わった。港を挟んだ稲佐の〝ロシア村〟にはニコライ皇太子（186

図74

図75

図76　グラバー園近くのどんどん坂

8－1918）（図75）が遊び、日露戦争後にはロシアの将軍や捕虜が滞在した。ロシア革命が起こると、領事館のある南山手には、故郷から逃れてきた白系ロシア人が集まり、浜の町あたりで商売を始める人もいた（図74　ロシア人向けのホテルを経営した稲佐お栄）。

　長崎から海外へ渡る人も多かった。「鎖国」以前の貿易商のように東南アジアで貿易を手がける者や、現地で商売をする者などさまざまだ。一九〇三年に大阪で行われた「内国勧業博覧会」には、幕末にフランス船でインドシナに渡ったという長崎の貿易商が、南洋の動物を調達してきた。終了後の「余興動物園」は「天王寺動物園」となり、いまに続いている。

　東南アジアや中国、ロシアなど、およそ日本人が渡ったところには「からゆきさん」と呼ばれる女性たちの姿と娼館があった。渡航先での〝仕事〟を知らされることなく、時に石炭を運ぶ船の船底に積み込まれ、過酷な生活を強いられる者もいた。さまざまな国へとつながる長崎には、女性たちを〝輸出〟する口利き屋のような〝貿易商〟も跋扈《ばっこ》していた。

長崎の人々がもっとも親しんでいたのは上海だ。明治の終わりともなれば、日本人町であった虹口《ホンキュウ》の日本人二千人以上のうち、長崎県出身者が半数を大きく超えていた。一九二三年には、長崎と上海を二十六時間で結ぶ「日華連絡船」、いわゆる〝上海航路〟が開かれる。渡航者、滞在者はさらに増え、生活物資や食品は、朝食の漬物までもが輸送されていた。ハタ揚げや精霊流しが行われ、長崎と変わらない暮らしがあったという。〝長崎県上海市〟と呼ばれた状況は、第二次世界大戦が始まってなお衰えることはなかった。

長崎名物のちゃんぽんが生まれたのは、ちょうどこの時代だ。元祖とされる「四海樓《しかいろう》」が、かつての唐人屋敷前の広馬場に創業したのは一八九九年のこと。身ひとつで中国から渡ってきた陳平順《ちんへいじゅん》（1873－1939）が、同胞の学生たちに安くて栄養のあるものを食べさせようとしたのが始まりだという。異国の味をベースに長崎の山海の具材をたっぷり炊き込んだちゃんぽんは、たちまち人気となった。江戸時代よりもエネルギッシュな〝和華蘭〟が沸き立つ町に、いかにも似つかわしい味だった。

芥川龍之介をもてなした〝銅座の殿様〟

あわただしく移りゆく町と時代の中で、古《いにしえ》の長崎の品々を集める者がいた。実業家の永見《ながみ》徳太郎《とくたろう》（1890－1950）だ。江戸時代から続く豪商の家に生まれ、金融業や倉庫業を営み、鉄道会社や銀行など、いくつもの企業の重役を務めた。マレーシアでゴム園を経営していたこともある。その財力だけでなく、自ら絵や写真、戯曲を創作する芸術的センスと長崎への熱い思いを胸に、絵画や工芸品を幅広く収集していた。芥川龍之介や谷崎潤一郎、菊池寛、竹久夢二らの文化人は、長崎に来れば永見を訪ね、コレクション鑑賞に始まり、市中散策や丸山登楼に至る滞在を心ゆくまで満喫した。彼らの〝永見体験〟は芥川の『奉教人《ほうきょうにん》の死』や『邪宗門』、竹久夢二の『長崎十二景』を生み、長崎のイメージをも作り出していく。永見が馬に乗って町を闊歩する姿は、人呼んで〝銅座の殿様〟。屋敷は銅座町にあった（下は永見徳太郎通り）。

　さかのぼることおよそ百年。出島や長崎会所の御用を務める商人の永見家は、分家を機に「銅座跡」に居を構えた。銅の鋳造場として一七二五年に造成された土地は、開港から当時

図77

銅座・永見徳太郎通り

まで海だった場所で、大規模な埋立地としては江戸時代最後のものだ。銅を十年ほど、鉄銭を数年産して廃止となり、一般に払い下げとなる。「銅座跡」として正式な町にはカウントされず、有事には兵士や物資の集積地にするため、頑丈な建物は作らない決まりだった。住民の絵踏みは遊女町の翌日に行われ、いくつもの芝居小屋が並んでいたという通りには、いまも「シバヤンジ（『芝居の路』であろう）」の名が残る。家はすべてが借家で、長崎の中でも格段の下町であった。

埋め立てて五十年ほどの、いつでも取っ払えるものしか建てられない土地。しかし、貿易や金融を商う永見家にしてみれば、かつては異国の船を運んだ波が打ち寄せ、銅や銭が作られていたのだから、なんと縁起のいい場所ではないか。のちに倉庫業も営むが、これまた物が動くほど儲かるものだ。この上ない〝適所〟を得て、永見家には莫大な富が流れ込んだ。その財で集められたのが、南蛮屏風や長崎版画、キリシタンの遺物など、長崎の歴史を宿す美術工芸品の数々だった。

都の南蛮寺図

マリア観音

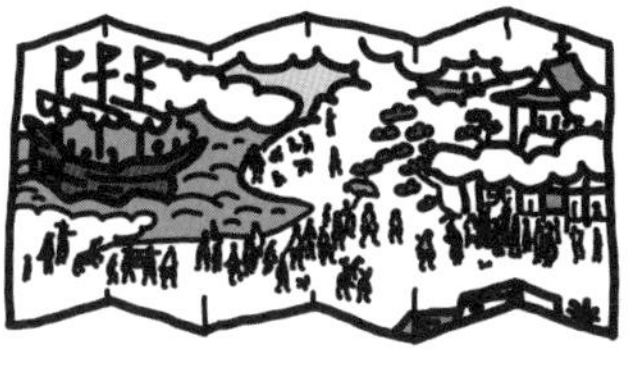
南蛮屏風

特に愛蔵していたという南蛮関係の約二百五十点は、現在、神戸市立博物館に収められている。

大正の終わり、永見は銅座と傾きかけた家業を離れて上京する。現在の西荻窪に屋敷を構え、選りすぐりのコレクションに囲まれながら、歌舞伎座での舞台写真の撮影や、戯曲制作、長崎や南蛮美術に関する執筆など、旺盛に活動していたが、晩年はふるわず、一九五〇年十一月に失踪した。永見の雅号は「夏汀《かてい》」。夏の季節風に乗った船が長崎の港に入る、南蛮屏風の風景を思わせる。

好景気の町は、芝居小屋も大賑わい

一九一四年三月十七日、「信徒発見」から四十九年目の記念日に、浦上天主堂が献堂された。起工から十九年、信徒一人一人がレンガを積み上げて作ってきた教会である。貧しい生活の中で建設費の工面は難航し、二本の鐘塔《しょうとう》も含めた完成はさらに十一年後となった（次頁の図は一九三四年の絵葉書より）。

浦上の各村は、これ以前から続々と長崎市に吸収されていた。天主堂献堂の翌年には、近くの長崎医科大学附属病院の「病院下」から「浦上駅前」「八千代町」「長崎駅前」「浦五島町」「千馬町《せんばちょう》」などを経て、新地そばの「築町《つきまち》」まで、長崎と浦上をつなぐ路面電車が開通する。沿線の埋立地には、三菱関連を中心に工場が建ち始め、長崎はさらに工業都市の色を濃くした。大正期の長崎市の産業では、工業による生産額が五割を占め、七割を超える年もあった。

一九三四年には、浦上川の河口、現在の長崎駅にあたる埋立地で「長崎国際産業観光博覧会」が開催された。出島をイメージした扇形の会場には、産業貿易館や海事水族館、機械館、国防館などが並び、二ヶ月の会期中に六十三万人が訪れた。

これまでの戦時の運搬や修船、造船で功績を上げた三菱重工長崎造船所は〝政府御用達〟となって業績を伸ばし、雇用も増大した。長崎市の人口が十七万六千人余りだった一九二〇年には、造船所の従業員は一万八千人で、十人に一人の割合となっている。下請けの工場や関連会社の従業員、その家族も合わせれば、長崎の住民の多くが三菱によって生活していた。

昭和9年の浦上天主堂

この時代には水産業も発展した。きっかけとなったのは、倉場富三郎の会社が始めたトロール船による漁だ。近代的な蒸気船を使うことで、東シナ海という大漁場が開けたのである。あまりの漁獲高に漁場を制限されたが、長崎が水産県となる基礎を作った。富三郎は港に揚がる魚介類約六百種を日本画家に描かせ、長崎での呼び名も採集しながら、細密で色鮮やかな『グラバー図譜（『日本西部及び南部魚類図譜』）』を編纂した。

貿易に代わる産業も安定し、人々は娯楽や祭りを楽しんでいた。一八九〇年、前年に完成した東京の歌舞伎座に並ぶ規模の「舞鶴座《まいづる》」が、新大工町にオープンする。立見も合わせて五千人を収容する館内には、火災に備えてスプリンクラーも設置されていたという。歌舞伎であれば尾上菊五郎や中村鴈治郎《がんじろう》、市川猿之助といった一流どころの役者もこぞって出演し、長崎駅に着いた役者たちは人力車に乗り込み、町中に顔を見せて回った。ほかにも、江戸時代から続く八幡《やはた》町の「八幡座」、丸山に近い本石灰町の「南座」など、大小の芝居小屋が賑わっていた。後に映画館となる「南座」の隣に

東山手,

くんちのお供の
装束で

あったカフェーは歌手・俳優の美輪明宏（1935‐）の生家だ（現在はない）。幼少期の美輪は、昼夜劇場に入り浸り、歌舞伎から大衆演劇、国内外の映画や音楽を浴びながら育ったという。

美輪の自伝『紫の履歴書』（水書坊）には、昭和初期の長崎の一面が垣間見える。両親はロシア人の店で服をオーダーし、家族で西洋料理のレストランに通う、贅沢でハイカラな暮らし。そのすぐそばでは、カフェーの女給さんが男を追って上海に渡って行方知れずになり、近所の丸山遊郭にはたびたび女性が売られてきた。居留地の面影が残る洋館のゴミ箱のそばには、戦争で心に傷を負い、家も失った男がいつもたたずんでいる。それでもやがて訪れる戦争までは、彩り豊かな町と生活があった。

長崎の楽しみといえば、いつの時代もくんちである。維新後、長崎に赴任した九州鎮撫総督の澤宣嘉は、その贅沢さに驚いたという。華美禁止を命じたが、澤がいなくなればすぐに戻った。江戸時代には行列が主体の〝通りもの〟だったが、明治後期になると、舞台をしつらえての〝芝居もの〟が増える。踊りは本場の歌舞伎仕込みで、衣装にも絢爛豪華な贅を尽くした。踊りを披露して回る「庭先廻り《にわさきまわ》り」は旧居留地にも足を伸ばし、外国の商社からも手厚いご祝儀が贈られた。

一大軍需産業都市、すべてが戦争へ

幕末から昭和初期までの長崎には、多彩な国と地域の人々の生活があり、「鎖国」の時代とはまた違う異国情緒にあふれていた。しかし一九三一年に満州事変が起こると、まずは中国との貿易が急激に落ち込み、華僑の生活が大きな打撃を受けた。日中戦争の開始後は、余裕がある者は中国に引き揚げたが、残る人々は常にスパイ嫌疑や監視を受けて暮らした。

欧米人の会社やコミュニティも姿を消していく。第二次世界大戦が始まる一九三九年、倉場富三郎は住み慣れた自宅を売却し、大浦天主堂の坂を下った先の洋館に移った。富三郎は長崎に生まれ、産業や経済に大きく貢献し、諏訪神社の氏子の名士が揃う「長崎人会」の会員でもあった。しかし戦時下の当局は〝敵国の血を引く要注意人物〟として、妻のワカとも監視の対象とした。〝グラバー邸〟の正面に見える三菱重工長崎造船所では、その前年に「戦艦武蔵」が極秘のうちに起工しており、富三郎の〝引越し〟には、おそらく何らかの圧力が加わったのだろう。太平洋戦争に突入する一九四一年に、実業家の渋沢敬三《けいぞう》が倉場邸を訪ねたのは〝特例〟であったろうか。学問に親しみ、水産資料の調査研究も行っていた渋沢は、富三郎渾身の『グラバー図譜』を一枚一枚めくり、初夏の半日を親しく語り合った

（次頁は田川憲『グラバー氏の庭』田川家蔵。人物は富三郎）。

その後も倉場夫妻への監視は厳しさを増した。家には電気や水道の作業員を装った憲兵が入り、外に出れば尾行が付いた。挨拶を交わした相手は詰問されるので、いつしか夫妻と目を合わせる人はいなくなった。常に和装で愛国婦人会の活動にも精を出していたワカが急逝《きゅうせい》し、富三郎は眠れない夜が続く。彼が作り上げた友好の場「長崎内外倶楽部」は大戦直前に廃止された。大浦の海岸通りには造船所が見えないよう、はりぼての〝目隠し倉庫〟が立ち並び、旧居留地に残っていた住民もほとんどが去った。残された洋館の多くは、三菱の工員住宅となった。

戦争が激化していく中、日華連絡船は機雷との接触や他船との衝突によって、三隻すべてが失われた。上海やウラジオストクに通じていた海底ケーブルも次々に切断され、長崎生まれの「戦艦武蔵」はフィリピンの沖に沈んだ。かつて長崎と貿易で結ばれていた中国南岸からインドシナ半島、インドネシア、南洋の島々は「大東亜共栄圏」と呼ばれ、戦場と化

した。

雲の隙間から落とされた原子爆弾

長崎の町は一大軍需産業都市となり、特に浦上一帯にはいくつもの造船所の工場と兵器製作所、その関連施設がひしめき合っていた。特に海軍とは幕末以来の縁が深く、真珠湾攻撃に使われた魚雷は、長崎で作られたものであった。

市民の生活も戦時体制となり、食糧や物資が慢性的に不足し、お正月の門松やしめ飾り、お盆の花火にも事欠いた。歴史あるお寺の鐘や街灯も金属供出で失われ、諏訪神社の神馬像や、かつてミゼリコルディアの鐘を鋳直したという大音寺の鐘も姿を消す。くんちは縮小や奉納踊りの取りやめが相次いで、終戦前には神輿の渡御還御だけになった。延焼を防ぐための建物疎開では、古くからの建物も容赦なく、すべての家が壊される町もあった。寺院や料亭などの大きな建物は工員の寮に借り上げられ、「長い岬」の二つの小学校には県や市の事務所が入り、「諏訪の杜」には防空本部や防空学校、憲兵隊の本部が置かれた。

一九四五年に入ると、長崎市内では七月の末から立て続けに空襲があった。造船所や工場を中心に大きな被害を受けたが、町の人々は変わらず工場勤務や動員作業に明け暮れていた。

八月九日の朝は、八時前に空襲警報が鳴ったものの、一時間もせずに解除された。だれもが戦時の日常に戻り、家の台所では庭の畑のカボチャやトウモロコシが蒸され、配給には長い行列が続き、夏休みの子どもたちは外で遊んでいた。

そのころ北九州の小倉《こくら》上空では、B29が原子爆弾の投下を試みていた。目標とする都市は、三日前の八月六日に投下した広島が第一で、小倉、長崎と続く。三ヶ月ほど前から行われていた選考の段階では、京都や新潟、横浜などが挙がっており、長崎が加えられたのは七月末だった。

小倉では、前日の空襲の煙などで地表が見えずに三度失敗し、断念する。第二目標の長崎へ向かうと、本来の照準地点はまた曇っていたが、三キロほど北で雲が途切れていた。

一九四五年八月九日、午前十一時二分。

長崎市の北部、松山町の上空約五百メートル付近で、原子爆弾が炸裂する。広島に投下されたのはウラン型の「リトルボーイ」で、長崎はプルトニウム型の「ファットマン」だ。その名の通り丸々とした爆弾が持つエネルギーは、高性能火薬二万一千トン分に及ぶ。瞬時に直径約三百メートルの火の玉が現れ、直下の地表は三千度から四千度に達した。猛烈な衝撃波も発生し、半径一キロ以内にいた人はほぼ即死。半径二キロ以内の建物は全壊全焼で、木造家屋は跡形もなく吹き飛び、工場の鉄骨は飴細工のように捩れた。ガラスは溶け、瓦や石垣の表面は泡立ち、爆心地付近の遺体の多くは一瞬にして炭化あるいは白骨化した。火球はきのこ雲になり、ありとあらゆる色に変化しながら竜巻となって立ち上った。地表は火の海となり、強い熱線を浴びた人は、男女の別もわからないほどの火傷を負い、瓦礫の下の負傷者は生きながら焼かれた（図82　B29から見たきのこ雲。米軍撮影。長崎原爆資料館所蔵）。

図82

爆心地の松山町は、浦上川一帯の工場群のちょうど中ほどにある。原爆投下の本来の照準点は長崎の旧市街地で、眼鏡橋の二つ下流にある常盤橋《ときわばし》付近だった。〝ずれ〟の理由としては「目標地点に雲があり、爆撃機の燃料が残り少なかったので、浦上の上空に見つけた雲の隙間に急いで投下した」との説が有力だが、「目標を見誤った」ともいう。地図で二つの地点を見比べると、向きは違いつつも、中島川と浦上川の似たようなカーブの近くにあるので「『雲の隙間』から『見誤った』」のかもしれない。原爆投下の照準点を示す米軍の空撮写真のタイトルは「NAGASAKI AREA MITSUBISHI STEEL & ARMS WORKS」であり、結果的にこれらの工場、そして浦上は壊滅する。蝉の声もない、一切の静寂が広がった。

爆心地から浦上天主堂までは約五百メートル。浦上の人々が三十年をかけてレンガを積み上げ、東洋一と賞賛された天主堂は、大きく崩れ落ちた。聖像は焼けただれ、ステンドグラスは砕けるにとどまらず、高温でビーズになって散った。集落は跡形もなく、一万二千人の信徒のうち、八千五百人ほどが亡くなった。天主堂近くの長崎医科大学と附属病院も大きな打撃を受け、爆風に巻き上げられて西風に乗ったカルテは、十キロ以上先まで飛んでいった。そのあいだの地域では、放射能にまみれた〝黒い雨〟や灰が降りそそいだ。工場群を目標としたはずの原爆は、長崎の医療と信仰の拠点も破壊したのだ（図83　松山町の高台から浦上天主堂を望む。長崎原爆資料館所蔵）。

図83

長崎の旧市街は、浦上とは西坂の丘でさえぎられている。熱線や爆風はいくらか軽減されたが、西坂に近い一六二八年創建の唐寺、国宝の福済寺と周辺の町は全焼した。「長い岬」一帯は県庁舎の自然発火もあってこちらも全焼し、町の東側は火災こそ食い止められたが、家という家のガラスは割れ、寺町のお寺の本堂さえ、建物ごと持ち上げられて傾いた。浜の町から銅座、丸山にかけての繁華街も一変し、負傷者がさまよっていた。当時十歳だった美輪明宏は、自宅のカフェーのわずかな畳を死に場所に求める人々に、末期《まつご》の水を飲ませ続けたという。

浦上でも長崎でも、あちこちで火葬の煙が上がり続けた。親が子を、子が親を焼いた。あるいはだれに看取られることもなく、素性も不明のまま、まとめて積み上げられて焼かれる者も多かった。当時の長崎市の人口はおよそ二十四万人。翌年の報告では、死者が七万四千人弱、負傷者が七万五千人弱とされるが、市外から訪れていた人や、徴用されていた外国人などに不明が多く、正確な数はわからない。

原爆が投下されて六日後の玉音放送は、長崎では気象状況による雑音で聞き取りにくかったという。「長い岬」で焼け残ったコンクリート造りの新興善《しんこうぜん》国民学校は救護所となり、連日、ひどい火傷や怪我を負った人が運び込まれては息を引き取った。薬も医療器具もない中で、治療といえば沸かした海水を傷にかける程度である。学校の前の道にまで、苦しげなうめき声が聞こえてきた。

爆風と熱線は、四キロ先の旧居留地にも届いていた。大浦天主堂の瓦は吹き飛び、ステンドグラスは割れ落ちた。もとはロシア正教会の聖堂だった南山手の長崎要塞司令部の倉庫の壁には、兵士と梯子《はしご》の影が焼き付けられていた。写真でもよく知られるこの影は、爆心地を割り出す手がかりになったという。

八月二十六日、倉場富三郎は長崎とともにあった人生に自ら終わりを告げる。進駐軍の上陸を前に、今度は日本人の血を引く者としてスパイ扱いされることを恐れたともいうが、真意はわからない。遺言により『グラバー図譜』は渋沢敬三に、多額の遺産が長崎市の復興のために贈られた。

三百七十四年前に異国の船がやってきて始まった〝辺境〟の町は、さまざまな国の人々が行き交いながら、「鎖国」の時代も開かれ続け、開国後も日本の近代化と発展を支えてきた。日本は、世界は、なにを目指してきたのだろう。極東の国の西の果ての町はいま、地球上で二発目の原子爆弾によって、ただひたすらに焼き尽くされている。

第六講

傷を恵みに変える長崎

ビッグNスタジアム
平和公園
浦上天主堂
原爆落下中心地
坂本国際墓地
西九州新幹線
長崎スタジアムシティ
ロープウェイ
諏訪神社
西坂公園
稲佐国際墓地
稲佐山
長崎駅
伊藤市長
長崎歴史文化博物館
本島市長
県庁
市役所
長崎市立図書館
眼鏡橋
常盤橋
出島岸壁
銅座
水辺の森公園
新地中華街
大浦天主堂
グラバー邸
大浦国際墓地
0
500m

よみがえった鐘の音が響く

一九四五年九月十六日、長崎港に進駐軍の先遣隊五百人が、二十三日には本隊三千三百五十人が到着した。一五七一年の開港以来、この港にはポルトガル、中国、オランダ、イギリス、ロシアなど、様々な国の船が入ってきたが、占領されるのは初めてだ。つい最近までサイパンや沖縄で日本軍と戦っていたアメリカの海兵隊員は、なんらかの抵抗や攻撃を予想していたものの、すんなり受け入れられて拍子抜けしたという。上陸の三日後には、まだ白骨が散乱する浦上の原子野にブルドーザーが入り、簡易飛行場「アトミック・フィールド」が作られた。

しばらくすると港では、米兵と日本人のあいだで〝私貿易〟が始まった。タバコや缶詰、古い絵はがきなどを身振り手振りで交換し、米軍の服や廃棄物を高値で売る者も現れた。〝海外からの品々〟を扱っていると思えば、かつての出島と似たような光景である。

「長い岬」の先端にあり、原爆の熱線を強く受けて焼失した県庁は、しばらくのあいだ「諏訪の杜」に移った。市中の主だった邸宅や三菱関係の社宅、学校などは進駐軍が接収し、宿舎や施設になった。空襲や原爆で大きな被害を受けた三菱の工場は、艦船や兵器の需要もな

図84　原爆で落下した鐘楼の尖塔

くなり、二万人を解雇する。残った工員は造船用の鉄材で鍋や釜、農機具などを作ってしのいだ。

町の人々は近郊の農家を訪ねては着物と食料を交換し、あちこちに立つ闇市に通っていた。厳しい生活の中、十月七日のくんちの日に、六人の踊り子が諏訪神社に踊りを奉納した。通常のくんちの復活は三年後であったが、秋空に響く囃子は、復興に向けたなによりの希望であったことだろう。

「七十年は草木も生えぬ」とささやかれていた浦上でも、秋には小さな草花が芽吹き、バラックが建ち、新しい生活が始まっていた。クリスマス・イブの十二月二十四日、浦上天主堂の瓦礫の中から鐘が見つかった。崩れ落ちた双塔で朝夕を告げていた「アンゼラスの鐘」だ。戦時中は鳴らすことを禁じられており、久しぶりの鐘の音に、信徒たちは家から飛び出して祈りを捧げたという。

「祈りの長崎」と言われる理由

終戦から四年後、一九四九年五月の長崎は慌ただしかった。全国を行幸中の昭和天皇（1901－1989）と、聖フランシスコ・ザビエルの来日四百年記念巡礼団が訪れたのだ。昭和天皇は魚市や長崎医科大学、三菱の工場などを訪問され、三菱重工長崎造船所の〝迎賓《げいひん》館〟であり、現在は世界遺産となっている「占勝閣《せんしょうかく》」に滞在された。

天皇が長崎を後にしてすぐ、フランシスコ・ザビエルの右腕の〝ミイラ〟である「聖腕《せいわん》」がローマから到着する。来日四百年を記念した全国巡礼が、長崎から始まるのだ。崩壊した浦上天主堂のそばでミサが行われ、その後、オープンカーに乗った聖腕と信徒たちの行列が、大浦天主堂から浜の町を通り「長い岬」を横切って、西坂公園へと続いた。

行幸と聖腕巡礼に向けては、長崎駅の駅舎や西坂公園など、町の至るところが整備された。西坂公園は現在「日本二十六聖人殉教地」としてカトリックの公式巡礼地に指定されているが、この時点ではまだ殉教地とは特定されていなかった。八十年以上前に西坂に向けて天主堂を建てたプチジャン神父は、おなじ丘のもっと上の方だと考えていたようだ。西坂公園を殉教地と謳ったのは、少々フライングであり、ザビエルの聖腕巡礼の誘致も合わせ、観光を盛り上げる意図が大きかった。

天皇と聖腕は、長崎医科大学の医師で被爆者の永井隆（1908－1951）と近しくまみえた。永井は幼い子ども二人と二畳一間の「如己堂《にょこどう》」で暮らし、被爆によって悪化した白血

図85　如己堂

病で寝たきりになってなお、原爆や平和についての著作を発表していた。如己堂は潜伏キリシタンの「日繰」を管理した「帳方《ちょうかた》」の屋敷跡に作られており、そこは原爆で亡くなった妻の実家でもある。

　その年、同名の永井の著作をもとにした『長崎の鐘』（作詞：サトウハチロー／作曲：古関裕而／歌：藤山一郎）が大ヒットした。瓦礫の中から掘り出され、浦上の人々を勇気づけたアンゼラスの鐘の音が、まだ戦争の傷が癒えない日本人の心にも響いたのだろう。

「浦上の聖者」と呼ばれた永井は、長崎市で初の名誉市民となり、翌々年に死去する。彼は戦後まもなく、原爆とその犠牲者を「神の摂理」「汚れなき子羊の燔祭《はんさい》（生贄を焼くこと）」と表現した。浦上の信徒に向けた言葉が一人歩きした面はあるが、これを激しく非難する声も上がり、死後も議論が続いた。

　原爆による死者数約七万四千人のうち、浦上信徒の死者数は約八千五百人だ。死者の数がすべてではないが、全体の中では一割強である。浦上に限らず、長崎に暮らすほとんどの人が、親類縁者のだれかを原爆で失っていた。元気な人でも、数ヶ月、数年経つうちに、放射能による病に倒れ、亡くなることも珍しくなかった。

それでも長崎における原爆は、なんとはなしに〝浦上／キリシタンに落ちたもの〟として語られていく。おなじ被爆地でありながら「怒りの広島祈りの長崎」とされることや、八月九日の原爆忌を報じるニュース映像のほとんどが、夜明けのカトリック墓地や浦上天主堂のミサの風景から始まることによって、そのイメージはいまも再生産され続けている。

消えた浦上町の名前

すでにおなじ長崎市ではあったが、人々の意識にはどこか、長崎と浦上はまだ別の土地という感覚があった。さらに「浦上」もひとつではなかった。かつての浦上村山里には五郷があり、そのうちの四つが潜伏キリシタン、一つは仏教徒の村だった。そこには、長崎の「皮屋町」にルーツ

永井博士と子どもたち

を持つ人々が暮らす集落があった。その歴史は、長崎ならではのものであると同時に、近世から現代にかけての日本社会のひとつの側面も表している。

開港後の長崎では、町が発展するとともに「長い岬」の周りが埋め立てられた。大川（中島川）周辺には水を必要とする職人町が並び、皮革を扱う町もできた。ゴムやビニールのない時代、武具や馬具、履きものや衣服や小物、祭りや儀礼に欠かせない太鼓など、皮革とその製品には多くの需要があった。

一六四〇年ごろの『寛永長崎港図』では、風頭山のふもと、通りの一方が森に消える町はずれに「かわた町」と記されている。長崎に限らず、皮革を扱う町と人々への差別や賤視《せんし》は時代が下るにつれて強まり、一六四五年には「皮屋町」が西坂へ移された。一六七三年の長崎を描いた『寛文長崎図屏風』では、西坂は雲に隠れて見えない。

さらに一七一八年には、浦上村に移された。皮屋町には警察・刑吏の役割が与えられており、浦上四番崩れではキリシタンの捕縛に当たった。皮屋町がキリシタンの〝見張り役〟だったことによる長年の敵対感情はこの時ピークに達し、激しい応酬が起こる。浦上を治めていた長崎代官は、田畑を守る農民でもあるキリシタンに対して「お前らは俺の子ども」と諭し、皮屋町との争いを止めた。分断と差別による支配が、長崎ではキリシタンの抑えにも使われていたのだ。

とはいえ皮屋町の住民は、元をたどればおなじキリシタンだった。西坂で多くの殉教者を出していたころ、彼らは処刑にまつわる役目を負っていたが、キリシタンや宣教師の処刑については「教えに背く」として任務を拒んでいた。その責を負った町の頭が処刑されたことさえある。禁教が厳しくなると、長崎のほかの町民とおなじく棄教し、さらに二度の強制移転のうちに、キリシタンであった記憶も失われていった。

明治の身分解放令で「皮屋」の名はなくなり、大正の長崎市域拡張で浦上町とされた。原爆の爆心から約一キロのところにある町では、千人ほどの住民の半数近くが死亡し、残る人々も新しい生活を求めて、ほとんどが町を離れた。さらに戦後の区画整理では、町を大きく二分するかのような道路が作られた。

図87　旧浦上町の「原爆犠牲者之慰霊塔」

有形無形いずれにしても、分断を利用した支配は、時に憎悪をも伴う差別に拍車をかけることがある。被爆と差別を『ゲンバクとよばれた少年』（講談社）で語る中村由一《よしかず》は、二歳のころに浦上町で被爆している。小学校での壮絶ないじめや就職での差別を乗り越え、懸命に生活していた矢先に、故郷の町を失った。「広い道路ができて便利になると、この町に縁のない人たちがひっこしてきました。あたらしくなった浦上町は、住民の希望で町名がかわることになりました。こうして浦上町の名前が、長崎から消えていったのです」。中村はまた、ドキュメンタリー番組『原爆と沈黙～長崎浦上の受難～』（NHK）の中で浦上のキリシタンの子孫と、お互いの心境を語り合った。二〇一七年に放送された番組は反響を呼び、浦上町や差別について初めて知ったとの声もあった。浦上町の名は、かつての町内の墓地に立つ「原爆犠牲者之慰霊塔」に刻まれている。

戦後十年を「ぎりぎりに生きる」被爆者

戦後十年を迎えるころの浦上周辺には、平和公園や国際文化会館、大橋《おおはし》球場（現・ビッグNスタジアム）などの大型施設が完成する。現在の平和公園には世界各国から贈られたモニュメントが並んでいるが、はじめは平和祈念像だけがそびえ立っていた。天を指す右手は原

爆を、地平に伸ばした左手は平和を表すという（右頁の図は平和祈念像）。

その一方で、原爆症や貧困に苦しむ被爆者の救済は進んでいなかった。放射能による強い倦怠感が「ぶらぶら病」となまけもの扱いされたり、結婚などで被爆者が差別されることも長く続いた。その後、被爆者手帳の交付が始まっても、差別を恐れて取得しない人が少なくなかった。被爆して大怪我を負った詩人の福田須磨子は「原子野に屹立《きつりつ》する巨大な平和像／それはいい　それはいいけど／そのお金で　何とかならなかったかしら／〝石の像は食えぬし腹の足しにならぬ〟／さもしいといって下さいますな／原爆後十年をぎりぎりに生きる／被災者の偽らぬ心境です」（「ひとりごと」）と綴っている。

図89

爆心地公園をはじめ、原爆に関する施設が作られるそばで、浦上天主堂の遺構保存問題が持ち上がった。浦上の信徒が三十年の歳月をかけて作り上げた天主堂は、大きく破壊されながらも正面と壁の一部が残り、原爆の威力と悲劇を伝えていた。しかし信徒たちには「信仰の歴史を伝える場所に新しい教会を建てたい」との思いがあり、アメリカやローマ教皇庁、長崎の教会などの立場や思惑、一般市民の感情もせめぎあっていた。市議会で保存の要望が決議される一方で、「原爆の長崎」を「国際文化都市」にとの気運もあり、一九五八年に遺構は解体される。跡地にはかつての天主堂の姿をコンクリート造りで再現した教会が完成した（図89 原爆落下中心地に移された壁の一部）。

浦上天主堂の遺構が撤去された年、旧居留地の南山手ではグラバー邸の一般公開が始まる。戦艦武蔵の建造とともに主人が去った邸宅は、戦後は進駐軍の司令官宅として使われ、返還後はふたたび三菱の所有になり、造船所の創業百周年を機に長崎市に寄贈された。オペラ「蝶々夫人」のイメージを重ねられたことで多くの人が訪れ、長崎一の観光名所となっていく。

〝もはや戦後ではない〟生活と、東京からの寝台特急列車の乗り入れなどから、長崎への観光客は急激に増加していた。一九五〇年に行われた全国の観光地ランキングで一位に輝いたのをきっかけに、年間の観光客数は、その三年後に百万人、五年後には二百万人を超えていく。異国情緒を求める人々が旧居留地にあふれ、グラバー邸だけでなく、すぐ隣の大浦天主堂にかけての一帯も、またたく間に観光地と化していった。

その一方で、出島や唐人屋敷はほとんど忘れられかけていた。出島は明治期の中島川変流工事で大きく削られ、残った土地も何棟かの洋館を残して市街地に埋没していた。戦後、オ

図90

ランダから復元を求められて倉庫や庭園が整備されたが、敷地の大半には一般の住宅や店舗が建っており、その地にいながら「出島はどこですか？」と尋ねる人が後を絶たないほどだった。唐人屋敷は明治初めの大火とその後の戦争を経て、多くが日本人の所有になっていた。あるいは旧居留地でも、主だった建物のほかは顧みられず、いくつもの洋館が風雨に朽ち、人知れず姿を消していた。

長崎に生まれた版画家の田川憲《けん》（1906-1967）は保存を訴えたが、町の人々の反応は鈍かった。居留地制度の廃止から五十年、風雨にさらされ、原爆の爆風を受けて傷み、戦時中は〝敵国〟扱いもしていた洋館を守ることは、現実的にも感情的にも難しかったのかもしれない。田川はせめて描き残そうと彫刻刀を握り、その姿を版木に刻んだ（図90　田川憲『うらぶれた居留地』田川家蔵）。

資料館となっていた洋館で、長崎に潜む物語を見出したのはカトリック信徒でもある作家の遠藤周作だ。きっかけは、展示されていた踏絵の木枠の黒ずみだった。「あの黒い足指の痕を残した人びとはどういう人だったのか――と誰もが考えるように、私も考えた。自分の信ずるものを自分の足で踏んだとき、いったい彼らはどういう心情だったのだろう」（『沈黙の声』青志社）。禁教期の弾圧や絵踏み、棄教を描いた『沈黙』は、一部からは強い非難を受けつつも高く評価され、現在に続くロングセラーとなる。

この時期にはまた、『長崎手帖』（図91『長崎手帖』二十九号。表紙画は田川憲による新しい浦上天主堂）なる小冊子が発行されていた。古老による幕末や明治の話などを盛り込みつつ、足かけ十二年続いた〝元祖タウン誌〟はなかなかの人気だったようで、当時の地元文化人や商店主などが多く参加している。戦後の復興から高度成長期へと移り、次々と大きなビルが建ち並ぶ中で、埋もれゆく歴史や生活の記憶をたどり、残す動きもあったのだ。

図91　長崎手帖

列聖から百年目を迎える一九六二年には、「日本二十六聖人殉教記念碑」が西坂の丘に完成した（49頁の図19参照）。彫刻家・舟越保武《ふなこしやすたけ》（1912－2002）は、殉教者の記録からひとりひとりの顔や体付きを想像し、二十六人の像を作り上げたという。建築家・今井兼次《いまいけんじ》（1895－1987）による日本二十六聖人記念館と聖フィリッポ教会も建設され、二十六人が歩いた堺から長崎までの各地で焼かれた器のかけらが、「フェニックス・モザイク」となって塔や壁を飾っている。二人はともにカトリック信徒で、いずれも生涯を代表する作品となった。

そして歌が生まれる——美輪明宏、さだまさし、福山雅治

終戦直後は鍋や釜、小さな漁船を造っていた三菱重工長崎造船所は、世界的なタンカーブームによって徐々に持ち直した。一九五〇年代半ばに単一造船所としての年間進水量世界一を達成すると、一九六五年からは十二年連続で世界一となる。自衛隊からの発注も相次ぎ、艦船の建造も復活した。

東シナ海の以西底曳き網漁を中心に水産業も好調で、これを支える漁船の多くは港の南岸に並ぶ中小の造船所が造った。港を出れば、端島《はしま》（軍艦島）や高島、伊王島の炭坑が生産量を伸ばし、こちらも全盛期を迎えていた。とりわけ端島では周囲一キロ余り、約六・三ヘク

タール（東京ドーム約一・三個分）の島に、コンクリート造りの高層アパートが何棟も並び、人口が五千人を超えたころの人口密度は世界一だった。労働者の賃金は高く、多くの家庭にテレビ、洗濯機、冷蔵庫の〝三種の神器〟が揃っていた。保育園や学校、病院、商店街、映画館、パチンコ店、遊郭までもがあり、それでも足りない物や遊びがあれば、船で長崎に繰り出したという。

好景気で人口が増え、長崎の町を囲む山は、続々と家並みに覆われていった。田川憲はこの光景を何度も描き、命あふれる「人間の丘」と称した。山の上にまで人の暮らしが息づく町は、夜になれば遠近の斜面が輝く立体的な「一千万ドルの夜景」となる。町を一望する稲佐山にはロープウェイが開通し、港では「東洋のナポリ」の景色を楽しむ遊覧船が回っていた。作家のカズオ・イシグロは、当時の長崎で五歳まで暮らした。初の長編小説『遠い山なみの光』（早川書房）には、主人公が稲佐山の「ケーブルカー」や平和祈念像を回想するシーンがある。「異国情緒」と「原爆・平和」そして夜景。長崎はますます国内有数の観光地、修学旅行先となっていく。

造船、水産、炭鉱とすべてが好調で、これに観光も加わり、高度成長期の長崎市の経済成長率は、全国平均を大きく超える年もあった。戦中戦後は閉店や休業が続いた花街の丸山では、船の進水や引き渡し、大漁や大取引を祝う宴席がひっきりなしだ。それに続く本石灰町《もとしっくい》

図92　田川憲『人間の丘（続II）』田川家蔵

から思案橋、西浜町《にしはまのまち》にかけては、戦後の闇市から転じたものを含めて無数の飲食店が立ち並び、大いに賑わっていた。長崎随一の歓楽街は、その中心にある町の名から「銅座」が代名詞となった。

銅座の花形は「十二番館」「銀馬車」「オランダ」などのグランドキャバレーだ。これまた造船関係者などで連日連夜の大盛況である。ホールではジャズや流行歌の生演奏があり、やがて専属バンドオリジナルの歌も誕生した。まずは一九六八年に「十二番館」の「高橋勝とコロラティーノ」が『思案橋ブルース』で全国デビュー。対する「銀馬車」からは翌年、「内山田洋とクール・ファイブ」が『長崎は今日も雨だった』で大ヒットを飛ばし、年末には「NHK紅白歌合戦」出場を果たす。

二曲の成功を受けて、『長崎ブルース』『長崎の夜はむらさき』『長崎から船に乗って』などが次々に出されたことで、歌謡界は長崎ブームとなった。戦後からの『雨のオランダ坂』『長崎のザボン売り』『長崎の蝶々さん』なども含め、ほとんどが、異国情緒や教会の鐘の音、花街、石畳、雨、夜などの〝長崎らしさ〟に恋物語をからめたようなものだが、一九七四年リリースの、フォーク・デュオ「グレープ」による『精霊《しょうろう》流し』は、ヴォーカルのさだまさしの実体験をもとに、賑やかな長崎のお盆に亡き人を送る哀しみを歌い、異彩を放った。

長崎の歴史や風土は、有名無名、膨大な数の歌を生んだ。そして日本を代表するような歌い手も、この町から生まれた。

十五歳で上京した美輪明宏は、一九六五年、それまでの華やかな〝シスター・ボーイ〟の装いを着流しに変え、自らが作詞作曲した『ヨイトマケの唄』を発表する。そのB面は原爆をテーマにした『ふるさとの空の下で』であった。さだまさしは一九八七年から二十年間、広島の原爆忌である八月六日に、故郷長崎で「夏 長崎から」と題した無料コンサートを開いた。一九九〇年に『追憶の雨の中』でデビューした福山雅治は、『約束の丘』『18〜eighteen〜』などで長崎を歌い、彼もまた稲佐山で大規模なコンサートを開いている。

長崎で起こることは日本中で起こる?

一九七一年のニクソン・ショックは、それまでの円相場を大きく変え、輸出中心の造船業界は大損益となる。さらにその後のオイルショックで、タンカー建造の多くがストップした。造船所が落ち込むそばで、以西底曳き網漁まで低迷し、港外の炭坑も相次いで閉山する。観光も振るわず、一九七八年には長崎市全体が「特定不況地域」に指定された。これまで日本有数の都市だった長崎は、全国的な大都市集中と地方衰退の流れも相まって、人口減少と高齢化の一途をたどっていく。

長崎で起こったことを見ていると、その時々の日本を濃縮

した、あるいはその後の日本の姿が現れる、不思議な映し鏡なのではないかと思うことがある。西洋との出会いと葛藤、近代化の恩恵と弊害などをいち早く経験し、社会のありかたや時代の移り変わりの先触れとなった。

一九八二年七月二十三日、不況の町に追い打ちをかけるかのような集中豪雨が起こった。まさか長崎の〝不思議な映し鏡〟が気象にまで作用しているわけではないだろうが、今でいう「線状降水帯」が次々に発生したのだ。夜七時から十時までの雨量は長崎市中心部で三百ミリを超え、長崎市北部の長浦岳で観測された最大一時間降水量百五十三ミリは、二〇二四年現在でも日本観測史上一位である。町の周辺部や郊外の斜面地では、長雨で緩んだ地盤が崩れて土石流が発生し、多くの人が犠牲となった。長崎県内の死者・行方不明者は二百九十九人に上る。

すり鉢状の長崎の町の〝底〟には大量の雨が流れ込み、普段はおだやかな中島川がみるみる増水して眼鏡橋は大破、上流の石橋群は六橋が落ちた。両岸の町には濁流があふれ、家財

思案橋付近の水位,1.57m

道具は泥まみれになり、店の商品は棚ごと、冷蔵庫ごと流れていった。浜の町や銅座周辺では暗渠を突き破り、かつての川が現れた。「長崎大水害」の水位は、いまも町のあちこちに表示されており、水辺を埋め立てる前の姿を思い起こさせる。

人々はたくましく復興を進め、二ヶ月半後のくんちも開催にこぎつけた。近代的な橋に架け替える計画もあった石橋群は、市民運動の盛り上がりによって、四橋が「昭和の石橋」に、残る橋も石橋風のコンクリート橋としてよみがえった。

二人の市長が撃たれた町

一九八八年十二月、長崎市議会で天皇に関する質問を受けた市長の本島等《もとしまひとし》（１９２２－２０１４）は、天皇には戦争責任がある旨の答弁をする。市役所には抗議の電話が殺到、銃弾入りの脅迫状が届き、刃物やガソリンを持って乗り込んでくる者もいた。「長い岬」にある庁舎周辺では、全国から集まった右翼の街宣車が数珠つなぎになり、その声は山の上まで響いた。本島は幾度となく撤回を求められたが、自らの良心に基づいた発言であり、撤回は政治的な死であるとして受け入れなかった。

本島は五島の潜伏キリシタンの家に生まれ、祖父は明治初めの弾圧による拷問で足が不自由だった。軍隊に入ると「天皇とキリストとどっちが偉いか」と詰問され、「どっちも偉い」と答えたという。やがて兵士の教育係となり、天皇の名の下に若者たちを戦地に送り出した。天皇の戦争責任発言は、その実感に基づくものだったようだ。

翌年はじめに天皇が崩御《ほうぎょ》すると、今度は本島の警備が重すぎるとの批判が上がる。いくらか緩められた矢先、本島は市役所の玄関前で銃撃された。犯人は地元の右翼団体の幹部で、銃撃は発言への〝天誅《てんちゅう》〟だったという。至近距離からの弾は体を貫通。本島は親しい神父に最後の告解をし、死に臨む塗油の秘蹟を受けながらも、緊急手術ののち一命を取り留めた。

昭和から平成にかけてのバブル経済の恩恵は、長崎の日常生活ではあまり感じられなかった。それでも、浮かれた時流か四十年の年月か、戦争や原爆への関心は次第に薄れ、多くの被爆遺構が再開発などで失われた。銃撃後の本島は、強制連行された韓国人被爆者への援護に乗り出し、日本の加害責任についても語るようになるが、それを快く思わない人もいた。いつしか〝平和市長〟となった本島は、一九九五年、景気対策を訴えた伊藤一長（1945－2007）に、ダブルスコアに近い大差で敗れる。

平和関係の政策にはさほど積極的でなかった伊藤だが、同年は被爆五十年だったこともあり、国際司法裁判所で被爆者の谷口稜曄《すみてる》さんが背中に大火傷を負った時の写真とともに核兵器の違法性を訴えた。以後は〝被爆地の市長〟の役割も担いつつ、三期十二年をほぼ順調に務める。しかし二〇〇七年、四選を目前にした選挙期間中に暴力団の男に銃撃されて死亡。動機や背景がいまひとつはっきりしないまま、犯人も服役中に死亡した。

二つの事件に特に関連はなく、政治家がテロに倒れることはたびたびある。しかし長崎の人と町にとって、二人の市長が続けて銃撃されたことは、なんとも言いようのない大きな衝撃であった。

約五十年で人口は二割減

昭和後期の長崎市中心部は、景気の悪化や、郊外のニュータウン建設で急速に人口が減る一方、自動車数の増加で常時渋滞が起こるなど、都市としての機能が低下していた。それらを解消するため、長崎港の沿岸に道路や大型施設を作る「ナガサキ・アーバン・ルネッサンス2001構想」が持ち上がる。これにより長らく浦上川河口にあった魚市場は郊外に移転し、大規模な埋め立て工事が進められた。

一九九〇年に開催された「'90長崎旅博覧会」のメイン会場は、大浦海岸通り前の埋立地だった。百三十五メートルの展望スカイタワーや企業パビリオンのほか、「なんばん・やかた」「オランダ・やしき」が並ぶ「長崎ストーリー館」は、かつての出島を三分の一に縮尺した

「浮き島」に作られた。メイン会場だけでなく、旧居留地や浦上など、歴史や特色あるエリアも〝会場〟として〝旅〟をする仕掛けも功を奏し、一応の成功を収めた。全国的な地方博覧会ブームを受けての開催ではあったが、その後の〝まち歩き〟型の観光や、新たなイベントの創造にもつながっていく。

どんなに町が新しくなっても、長崎の足元には歴史が息づいている。かつて繁栄を誇った旧市街地では、児童数の減少によって三つの小学校が統廃合された。その際、中島川に近い磨屋《とぎや》小学校の跡地では、土器やドングリを貯蔵する穴が発掘され、縄文時代からこの地に生活があったことを教えてくれた。

市内で最も古い勝山《かつやま》小学校の敷地からは、江戸時代の代官屋敷の跡、それ以前のサント・ドミンゴ教会の遺構が発見された。禁教前にあった教会は、すべてが激しく破壊され、跡地には常に別の建物が〝上書き〟されており、当時の遺構が見つかるのは初めてだった（33頁参照）。

原爆投下後に救護所として使われた新興善《しんこうぜん》小学校の校舎は被爆遺構でもあり、一部保存も検討されたが、すべて解体となった。跡地に作られた長崎市立図書館には「救護所メモリアル」が設けられ、実際の校舎の壁や窓枠、床材などを使い、救護所の様子を再現している。

新世紀に入ると、港の三菱重工長崎造船所では豪華客船「ダイヤモンド・プリンセス」の建造が始まった。不況からの復活と他国造船所の追い上げに対抗するため、十年ほど前から客船事業に力を入れていたのだ。幕末以来つちかわれてきた技術と伝統が、世界トップレベルの船を作り上げていく。長崎の人々は朝夕それを眺めては、久々の〝造船長崎〟を実感していた。

しかし完成目前の二〇〇二年十月一日、船から火の手が上がった。船は一日半燃え続け、町には焼けた匂いが立ち込めた。造船所は建造中の姉妹船「サファイア・プリンセス」を急遽完成させて、「ダイヤモンド・プリンセス」として引き渡す。焼けた船は残った部分を元に再建され、一年半後に「サファイア・プリンセス」となって出航した。できたばかりの「水辺の森公園」には多くの市民が集まり、長崎生まれの〝お姫さま〟を見送った。

港周辺では国際埠頭や商業施設、長崎県美術館などが次々にオープンし、平成の市町村合併では七つの町が長崎市に加わったが、少子高齢化と若者の流出は止まらないままだ。長崎市の人口は一九七五年の五十万六千人をピークに、二〇二四年には三十九万人を割り込んだ。

伝えられていく殉教の記憶

一九九七年、キリスト教の教育機関「セミナリヨ」が置かれていた島原半島の有家町

（現・南島原市）が、二十六聖人の殉教四百年を記念して、一五九七年にセミナリヨの画学舎で作られた銅版画『セビリアの聖母』（56頁参照）を復刻する。この画は、信徒発見（128頁参照）を報告するためにローマに向かっていたプチジャン神父が、マニラに立ち寄った際にフランシスコ会の修道士から渡されたという。おそらく禁教によって追われた人が持ち出し、二百五十年を超えて保管されていたのであろう。プチジャン神父はローマ教皇に献じたが、日本にあるべきものとして返され、大浦天主堂に収められていた。

相当に傷んでいた画を元に、当時とおなじ技法で復刻したのは長崎、西坂で育った銅版画家・渡辺千尋《ちひろ》（1944－2009）だ。渡辺は長崎を離れて久しく、クリスチャンでもない自分が聖画を手がけることにためらいを感じつつも、二十六聖人が四百年前に歩いたように（47頁参照）〝真冬の一ヶ月〟を歩き、復刻に臨《のぞ》んだ。作業の途中では、幼子イエスの手に本来あるべき鳥の姿が削り取られた痕跡を発見する。渡辺はこれを、二十六聖人殉教の知らせに接した画工の苦悩の跡ではないかと推察した。「四百年という時間は果てしなく遠い。しかし、その熱らしきものは頬に触れるほど近かった」（『殉教《マルチル》の刻印』渡辺千尋、小学館）

渡辺が復刻した『セビリアの聖母』は、一九九八年、ローマ教皇ヨハネ・パウロ二世に献上された。

世紀をまたいで二〇〇八年、ローマ教皇庁主催の列福《れっぷく》式が、浦上の「ビッグNスタジアム」で行われた。徒歩で大陸を横断してローマに行き、江戸で殉教したペトロ岐部《きべ》（1587－1639）をはじめ、米沢、京都、江戸、広島、山口、小倉、熊本などで十七世紀前半に殉教した百八十八人が、「聖人」の前段階である「福者」に列せられるのだ。

ザビエルの来日以来、キリスト教の布教は全国で行われた。禁教による殉教者は、判明しているだけでも四千人を超え、実際は四万から五万人だったともいう。その点においては〝キリシタン＝長崎〟というわけではなく、この列福で福者となった長崎・西坂での殉教者も、中浦ジュリアンら四名に止まっている。それでも日本初となる列福式が長崎で行われたのは、この町がキリシタンの町として始まり、二十六聖人の殉教や禁教による弾圧、二百数十年の潜伏を経ての「信徒発見」、原爆による受難など、日本におけるキリスト教、カトリック教会にとって重要な土地だったからであろう。

百八十八人の列福に向けては、日本二十六聖人記念館の初代館長であり、スペインから日本に帰化した結城《ゆうき》了悟《りょうご》（ディエゴ・パチェコ）神父（1922－2008）が、膨大な調査や資料作成などに尽力した。神父は日本や長崎のキリシタン研究も手がけ、ルイス・フロイスの『日本二十六聖人殉教記』など、多くの重要な翻訳や著作を残している。現在、禁教によって封じられた長崎の町や人々の姿をいくらかでも思い描くことができるのは、神父のはたらきに負うところが大きい。

歴史はそれを記し、語り、祈る人によって現れる。来日した二人のローマ教皇は、どちらも長崎の地に〝一巡礼者〟として訪れたという。

　フランシスコ・ザビエルの来日から四百三十二年。一九八一年二月に、ヨハネ・パウロ二世（1920-2005）を迎えた日本人枢機卿は「四世紀を超えて、おいで下さるのをお待ちしていました」と告げた。野外ミサの日の長崎は、めずらしい吹雪だった。進駐軍が原子野をブルドーザーでならした「アトミック・フィールド」跡の陸上競技場に教皇が現れた瞬間、雪がやんで光が差し、全国から集まった四万七千人の信徒が歓喜に包まれた。

　三十八年後の二〇一九年十一月、イエズス会初の教皇であり、日本に強い思いがあったという教皇フランシスコ（1936-）が来日する。教皇は激しい雷雨の中を大村の長崎空港に到着し、原爆落下中心地と日本二十六

聖人殉教地で長い祈りを捧げた。午後にミサが行われたのは、十一年前の列福式とおなじスタジアムだ。かつてこの地は駒場《こまば》町と呼ばれていたが、原爆で全滅し、町の名前も失われた。午前中の大雨と雷鳴がすっかり晴れた青空のもと、教皇は「長崎はその魂に、いやしがたい傷を負っています」と語りかけ、「今日もなお、さまざまな場所で起きている第三次世界大戦によって苦しんでいる犠牲者」へ思いを馳せるよう促した（写真は「戦争がもたらすもの」として教皇が全世界に配布したカードの表と裏。表は「焼き場に立つ少年」（ジョー・オダネル『トランクの中の日本』小学館より、とある））。

心身の自由を奪われること、異なる価値観を認めない社会、人間の命や生活よりも国家や権力者の大義が上に立つ恐ろしさ、その先にある軍拡や戦争、核兵器の悲劇。〝傷〟は、長崎だけでなく、日本とそこに住む人々、ひいては世界や地球が受けたものだ。長崎の二つの世界遺産「明治日本の産業革命遺産」と「長崎と天草地方の潜伏キリシタン関連遺産」には、その一面が現れており、

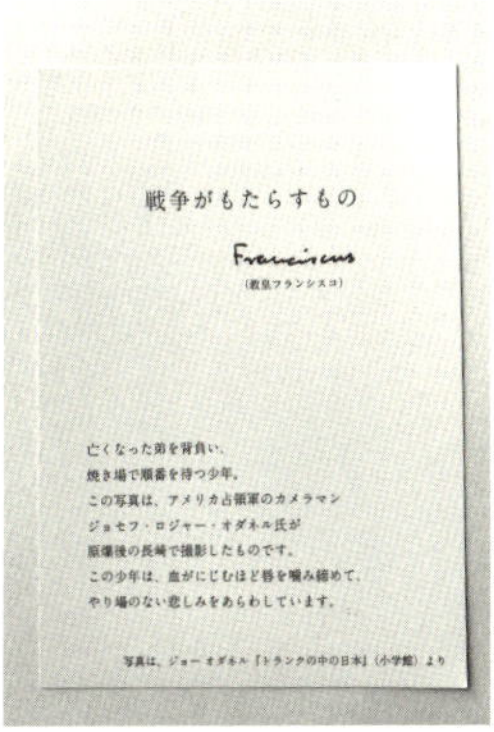

戦争と核兵器をめぐっては、いまなお様々な問題が起こり続けている。

二〇二四年、長崎市は平和祈念式典にイスラエルを招待しなかった。これに対し、例年出席していたアメリカやイギリスなどの大使は参加見送りを決定する。市長は「政治的な理由ではない」とし、式典では「今、世界で起こっているような紛争が激化し、核戦争が勃発するとどうなるのでしょうか」と問いかけた。

これ以前の式典でも、長崎市は日本政府や世界各国の首脳に、核廃絶や被爆者援護などを強い言葉で訴えてきた。長崎だけが戦争の被害を受けたわけでもなく、当時の市民が戦争についてまったく無垢だったわけでもない。しかし、町や人が無差別に攻撃されること、一瞬にして骨や灰になるような死にかた、放射線や後遺症で何年、何十年にも渡って苦しむことは、政治や思想信条とは別の次元で、すべての人間が忌避すべきことであろう。八月九日の長崎は、近しい身内を原爆で亡くした私自身も含め、それを身をもって知る者として、この日を静かに悼みつつ、声を上げてやまない。

原爆投下の本来の照準点は、浦上川沿いの松山町ではなく、中島川に架かる常盤橋《ときわばし》だった。そこを中心に、建物が全壊全焼する半径二キロの同心円を重ねてみると、直下の眼鏡橋から唐寺を含めた寺町の寺院、諏訪神社、銅座、丸山、唐人屋敷跡、出島と旧居留地の洋館、大浦天主堂もグラバー邸も、三菱の造船所もジャイアント・カンチレバークレーンもすっぽり入る。多くの人を惹きつける異国情緒も世界遺産も、すべてが跡形もなかったのだ。そうならなかったのは偶然の重なりに過ぎないが、さまざまな出自や価値観を持つ人々が共に暮らした証が残されたのだとすれば、それは〝傷〟に対するひとつの答えを示しているのかも知れない。〝傷〟は〝創〟とも書く。受け止めがたく、いやしがたい傷ゆえに、そこから始まり、創りうるものがあるのではないか。

毎年、梅雨の前になると「風通《かぜとお》し」のニュースが流れる。国立長崎原爆死没者追悼平和祈念館に収められている、原爆死没者名簿の虫干しだ。二〇二四年現在、約二十万人分、二百二冊の名簿があり、毎年、亡くなった被爆者の名前が書き加えられていく。名前がわからない人々のための白紙の一冊もあり、そのすべてが並べられ、一冊ごとにめくられて風を通される。その様子を見ていると、ここに記された人々の声が聞こえてくるようだ。

二〇二四年、日本原水爆被害者団体協議会（日本被団協《にほんひだんきょう》）がノーベル平和賞を受賞した。日本被団協は一九五六年に長崎で発足した原爆被害者の全国組織だ。以来、被爆者援護に関する法律の制定や、核兵器禁止・廃絶に向けて活動してきた。土台にあるのは、二度と自分たちのような被爆者を作らない「ノーモア・ヒバクシャ」の強い願いであり、被爆者ひとりひとりの体験と語りである。

長崎では、夏になれば原爆や平和関連の報道が増えてくる。長崎市内の小中学校は八月九日が登校日で、子どもたちは被爆者の講話を聞くことも多かった。かつての長崎の子どもとして振り返れば、原爆資料館の見学や平和学習も含め、それはもはや〝夏の風物詩〟であったのだ。しかし被爆者の平均年齢が九十歳近くになり、その機会が失われつつあるいまになってみれば、なんと貴重なことだったろう。一方では、戦後六十年、七十年と経って初めて、重い口を開く被爆者もいる。語りたくないことを、もう誰にも語らせないための語り。それは被爆者自身の語りであると同時に、決して生まれてはならない〝未来の被爆者〟からの声でもある。苦しみや悲しみを語り継ぐことが、いま、未来を変える希望につながろうとしている。

くんち見たさに六万人、工場跡はスタジアムに

一五七一年の開港から四百五十年あまり、町はいままた大きく変わろうとしている。〝百年に一度の大変化〟だそうだ。けれど新しいものができるたび、忘れかけていた歴史がふと顔をのぞかせるようでもある。

明治以来「長い岬」にあった県庁と市役所は、すっかり解体されて更地になった。港の新しい埋立地に移って潮風に吹かれる県庁を見ていると、かつて岬の先端にあった教会や奉行

所のたたずまいを思い出す。

二〇二二年に開通した西九州新幹線の長崎駅のホームからは、二十六聖人の殉教地が見える。当時の駅周辺は海だった。行き交う車の流れは、海から殉教を見ようと駆けつけた大勢の船のようでもある。駅ビルや外資系のホテルに入る人たちは、知らず知らずに歴史のそばで過ごしている。新幹線が開通してすぐ、新しいコンベンション施設「出島メッセ長崎」では「ながさき大くんち展」が行われた。くんちの奉納踊りはコロナ禍で三年連続繰り延べとなったが、本来ならば七年がかりでしか見ることのできない船や龍が、一堂に会して展示された。何艘もの船が会場に向かうさまは、長崎の町に眠るエネルギーがあふれ出しているかのようだった。四十三の踊町が揃い踏みした四日間に、六万人が列を成した。

一度は原爆で壊滅し、二〇一七年まで稼働していた三菱重工業長崎造船所幸町工場の跡地には、二〇二四年、スポーツやショッピング、ビジネスの複合施設

山王神社 クスノキ

「長崎スタジアムシティ」がオープンした。この町ができた時に込められた祝意さながら、スタジアムには「ピース」、アリーナには「ハピネス」と冠され、それぞれ福山雅治とさだまさしがこけら落としのライブを行った。福山雅治が二万五千人を前に歌った『クスノキ』は、原爆の際に焼けこげ、奇跡的に息を吹き返した山王神社の被爆クスノキがモチーフだ。樹齢は五百〜六百年。かつてこの地を通って西坂に向かった二十六聖人が身を休めた時も、その葉音に包まれたことだろう。

変わりゆく町のそばでおだやかな時が流れているのは、まわりを囲む山の墓地だ。寺町の背後にある風頭山は、開港以来この町を作ってきた人たちが眠る〝死者の森〟として、いつも町を見守っている。そして稲佐、大浦、坂本、三つの「国際墓地」には、江戸時代の〝唐人さん〟をはじめ、オランダ商館長や様々な国の船の船員たち、夢を求めて居留地に暮らした人とその家族、グラバーや倉場富三郎が永遠の安らぎの中にある。その故郷とおなじく、さまざまな形の墓石が並ぶ地は、彼らが生きた時代の長崎そのものだ。

これぞ異国情緒、賑やかな四季の祭り

四季折々の祭りの日には、封じられていたものがより鮮やかに目覚める。

新年早々の「ランタンフェスティバル」は、一九八七年に新地中華街の華僑が始めた、旧正月の「春節祭《しゅんせつさい》」だ。六百個だったランタンは年々増え、いまや一万五千個が町いっぱいに揺れている。かつては多くの「唐人さん」が暮らし、お墓に中国の神さまが祀られる町ゆえ、瞬く間に長崎らしい祭りとなった。

もっとさかのぼれば、一六〇九年にイエズス会の創設者イグナチオ・デ・ロヨラが列聖された際には、長崎の町の家々や教会にお祝いの提灯が飾られ、人々は夜遅くまで見物して回ったという。それもまた、いまと重なる光景だ。

春の「ハタ揚げ」も、江戸時代の絵図そのままだ。町を囲む山の上で、二枚のハタを掛け合って戦う長崎独特の凧は、異国の船を見分ける〝旗〟から来ているともいう。基本の色は、赤白青。出島にはためくオランダの色だ。

出島では本格的な復元事業が進められている。十九世紀初頭の姿を目指しているのは、シーボルトが残した当時の記録や模型が多いからだ。明治期に拡張された川には、新たな表門橋が掛かり、前の広場はイベントで賑わっている。

夏は港の「ペーロン」だ。中国の故事に由来する〝ドラゴンボートレース〟は、東南アジア各地や沖縄の文化ともつながっている。激しい太鼓に合わせて駆け抜ける船の姿には、「鎖国」以前、東シナ海や南シナ海に漕ぎ出していた長崎の人々の海の記憶がよみがえるようだ。

長崎では、今と昔だけでなく、あの世とこの世も混ざり合う。とんでもなく賑やかなお盆と「精霊流し」は、最近テレビ番組などで全国に知られるようになった。坂の上のお墓に親類縁者が集まって、食べたり飲んだり、花火をしたり。八月十五日の夜には、にこやかな遺影を掲げた精霊船を、大量の爆竹の轟音とともに港へと流す。故人を思いながら船を作るひとときは、なによりの供養であり、悲しみを癒す時間だ。さだまさしが歌う『精霊流し』（176頁参照）とのギャップが指摘されがちだが、賑やかさの奥には、いまは亡き人への思いが、歌の静けさそのままにあふれている（下は二〇一〇年、佐田家の精霊船）。

旧暦七月二十六日から行われる唐寺・崇福寺の中国盆（普度蘭盆勝会《ぽーるらんぼんしょうえ》）では、死者との近さがさらに増していく。境内には死者のためのホテルや商店街が飾り付

さだ
さだまさし，
父を送る。
さすがの三連船と
大行列！

けられ、故人の財産となる金山《きんざん》・銀山《ぎんざん》が国宝の大雄宝殿の前で燃え上がり、あの世へ届けられる。

そして秋はいよいよ、諏訪神社の大祭「長崎くんち」だ。十月七日から三日間、長崎の町には神輿や踊りの行列が、ひっきりなしに行き交う。一九六三年からの町界町名変更はそれまでの町割と町名を大きく変えたが、くんちは旧町のままで行われている。

十月七日の朝一番の諏訪神社の奉納は、遊女が舞ったくんちの始まりから、優美な「本踊」と決まっている。続く踊りはさまざまで、かつての〝通りもの〟や〝芝居もの〟に代わり、近年は船を中心とした勇壮な〝曳きもの〟や〝担ぎもの〟が多い。ドラやチャルメラが鳴り響く「龍踊」や、勇壮な「コッコデショ（太《たい》鼓山《こやま》）」、江戸時代の捕鯨を再現する「鯨の潮吹き」、「唐人船」に「オランダ船」、「川船」「御座船《ござぶね》」「龍船《じゃぶね》」など、まさに輝ける長崎の〝和華蘭〟オンパレードだ。

諏訪神社の踊り馬場は、背後の彦山を書割《かきわり》にした能舞台のようでもあり、朝日に照らされた踊りや船が、遠い昔の長崎を幻出させる。

現在の奉納踊りを江戸時代の地図に重ねれば、本踊は「長い岬」や花街ゆかりの町に、船や担ぎものは、水の流れを感じる町に多い。唐人屋敷の隣町は直伝の龍踊、船宿が多かった町の布団太鼓は堺の船乗りが伝えたという。龍宮につながる東西の「浜」の町には龍をあしらった船、唐船をつないだ岸の町には唐人船、出島に面した町にはオランダ船と、出し物を見ていくだけで、土地の記憶と町の歴史が浮かぶ。

江戸時代は踊町でなかった「出島」の町が「阿蘭陀船」を出したり、「鎖国」で止められたはずの「御朱印船」が登場し、長崎の貿易商とベトナム王女の婚礼行列が再現されたりする。そしてついにはポルトガル国旗を掲げた「南蛮船」までもが現れた。大太鼓にはイエズス会の紋章が描かれており、もはや禁教から始まった祭りとは思えない。これを出すのは銅座町だ。かつてこの町の〝殿様〟であった永見徳太郎が雲の上から見たら、大喝采を送った

ことだろう。

くんちの三日間、船や踊りはいくつかの本場所で奉納しながら、行列を作って町を廻る。三社の神輿も、諏訪の杜から大波止とのあいだを「お下《くだ》り」「お上《のぼ》り」で行列する。そこには禁教の年に行われた「聖行列」の気配さえ感じられる（58頁参照）。神輿の「お下り」は、当時であれば「山のサンタ・マリア教会」の森を出て、「サント・ドミンゴ教会」、「サン・フランシスコ教会」、〝慈悲屋〟の「ミゼリコルディア」のそばを通って「被昇天の聖母教会」へと「長い岬」を進んでいく。長崎の行列は、四百年以上変わることなく「長い岬」とそのまわりを回っているのだ。

くんちの奉納踊りの中でも、とりわけ多くの人が熱狂する「コッコデショ（太鼓山）」は、宝の船を表している。四人の少年が叩く太鼓に合わせ、約一トンの山車が三日間で七百回も宙に舞う。奉納する樺島町は、「長い岬」の六町のすぐ下に作られた波止場の町だ。その昔、まさにここから船出した〝四人の少年〟がいたことを思えば、宝物が〝ここにありますよ〟という〝コッコデショ〟の掛け声が、どこか違うところから聞こえてくるようでもある（前頁の図はコッコデショ）。

いまこそ〝辺境〟の町へ

世界の東の果ての日本の、西のはじっこの〝辺境〟の町には、こうして遠い海の向こうから、あらゆるものがやってきた。

一五七一年に入港したポルトガル船、「鎖国」時代の唐船とオランダ船、その他さまざまな国の船が運んできた文物は、多くが〝日本初〟〝事始め〟となった。それらは日本中に運ばれ、人々を楽しませ、有形無形の糧となり、現在の生活にも溶け込んでいる。「眼鏡をかけて新聞を読みながら、パンを食べてコーヒーを飲む」と聞いて「長崎らしい！」と思う人はおそらくいないだろうが、眼鏡、新聞、パン、コーヒー、どれもが長崎発祥とされるものだ。

となると、〝長崎らしさ〟とはなんだろう。海の向こうから入ってきたはいいが、全国的には定着せず、長崎に残ったものだろうか。あるいは、時に危険も伴う異国との〝窓口業務〟を請け負った町ならではの、できごとや空気だろうか。目に見えるものにしても宗教にしても、日本全体としては手にあまったものが、どこか過剰さを漂わせた〝長崎らしさ〟として感じられているようでもある。

ならば〝長崎らしさ〟をひっくり返して見てみると、〝ありえた日本〟が浮かんでくるかもしれない。開港当初の西洋やキリスト教との出会いは、いまでこそ異国情緒や世界遺産として観光資源にさえなっている。しかし当時の日本人にとって〝異形〟とも言える姿形をした人々とコミュニケーションを取り、駆け引きをしながら貿易を行うことは、現在の〝グローバル感覚〟では計り知れないものがあっただろう。

「鎖国」はたしかに太平の世を作り、多くのものを育んだが、それによって抑えられたものもあった。タフで経験豊かな商人や町人たちが自由に生きたとしたら、どんな歴史を作っただろうか。

あるいは、世界宗教のひとつであり、一神教としてのキリスト教を、絵踏みや死をもって徹底的に否定するのではないやり方を選んでいたとしたら、その後の日本の社会や価値観はどうなっていただろう。

いずれにしても想像の域は出ないし、それらを〝正解〟として成り立つ過去や現在を否定するものでもないが、もしいまの日本やそこに暮らす人々がなんらかの閉塞感を抱えているならば、かつての長崎に現れたさまざまな可能性について思いを馳せることが、ひとつの風穴を開ける一助になるだろう。

日本の〝辺境〟にある「長い岬」は、ただ長崎の町になっただけではなく、日本から世界に突き出す「長い岬」として、未知のものに反応するセンサーであり、受け止めるアンテナであった。そこではいつも、初めて見る色の火花が散り、景色が変わり、時に価値の転換が起こった。

いまは静かな一地方都市だが、長崎の町には、日本を創り、動かしてきた歴史と秘密がいくつも眠っている。ここで起きたこと、人々が経験したことは、いまの私たちの現在と未来をも揺さぶり、時に勇気づけてくれる。あなたにとってのそれは何だろう？　ふたたびこの町をゆっくりと、ちゃんぽんでも食べながらめぐり歩き、探してみてはいかがだろうか。

おわりに

本書は、二〇一三年の秋に『聖地巡礼リターンズ　長崎、隠れキリシタンの里へ！』（内田樹・釈徹宗／東京書籍）の現地ナビゲーターを務めたことに始まる。晴れたり降ったり、虹が出たりする不思議な空のもと、内田、釈両先生と凱風館《がいふうかん》巡礼部のみなさんを、教会の跡や日本二十六聖人殉教地、大浦天主堂と一通り案内した。

夜の講話では、参加者から「場の持つ力をあまり感じられなかった」と感想をいただいた。私はそれに対し「この町の人間は二百数十年、踏み絵をして生きのびてきました」を口火に、延々と〝禁教による長崎の人々の心情〟について語りつづけた。それは自分でも驚くほどの熱量だった。

その旅が終わってからも、長崎の力が〝あまり感じられない〟理由を探し続けた。それは私自身が長年疑問に思っていたことでもある。二〇〇四年にくんちを取材したドキュメンタリー『太鼓山の夏～コッコデショの131日』（長崎放送）を作ったが、近づこうとすればするだけ、核心からは遠ざかっているような、妙な感覚を覚えた。これは単に歴史を勉強したり、町を歩くだけではわからないだろうとも感じた。

ひとつの助けとしたのは、中沢新一さんが提唱する〝アースダイバー〟だ。特に『大阪アースダイバー』（講談社）は、大阪の上町台地と長崎の「長い岬」をはじめ、水底から生まれた土地で栄える商いの町、共同体の記憶が現れる祭りなど、長崎と重なる部分が多く、折に触れて読み返し、町を歩いた。そこに『聖地巡礼』の旅でご一緒した新潮社の足立真穂さんが「『長崎アースダイバー』を書きませんか」と声をかけてくださったのだ。

そのあとはずいぶん長い旅になった。半世紀も住み慣れた町を、客観的に人に伝えようとすることはそれだけで難しく、さらにこの町でたびたび起きた恐ろしいできごとは、想像するだけでも心や体にこたえた。買い物の道すがら「ここであの人たちが火あぶりに……」と、涙が込み上げたことも一度や二度ではない。しかしそれを乗り越えてきた長崎の町と人のこれまでを、私なりに伝えたいという気持ちが強くなってもいった。

それがようやく形になったのか、どうか。知れば知るほど長崎は深く、汲めども尽きぬとはまさにこのことだろう。古賀十二郎翁をはじめとする先人たちが切り拓き、いまも築かれている「長崎学」の成果から受けた恩恵は計り知れない。本書が少しでも呼び水となって、長崎の歴史や文化に興味を持たれる方が増えればと願う。

『すごい長崎』というタイトルを提案された時には、正直なところかなり驚き、たじろいだ。しかし読み返してみれば、自分で書いておきながら「たしかに、長崎はすごい」と、もう一度驚いた。これからもこの町に暮らし、長崎と、長崎から見えることを伝えていきたい。

迷ってばかりの旅を見守り、励ましていただいた足立真穂さん、本当にありがとうございます。長崎の町が足立さんを呼んだような気がしてなりません。制作スタッフのみなさまにも、大きな感謝を。とりわけ校閲のご指摘には、いくつもの命拾いをしただけでなく、さらなる探求へと導かれました。

『聖地巡礼』で長崎を考え直すきっかけをくださった内田樹先生、釈徹宗先生、凱風館巡礼部の皆さま、東京書籍の岡本知之さん、またぜひ長崎にいらしてください。

長崎やくんちについてご教示くださる長崎史談会の原田博二先生、大田由紀さん、生活を共にし、応援してくれる家族と両親、友人たち、いつも本当にありがとうございます。

そして二〇一八年のコッコデショに乗り、太鼓を叩いた息子に格別の感謝を。太鼓山の行列に連なって歩き続けた三日間、息子たちの太鼓と担ぎ手の掛け声が、この地に潜むものを呼び覚まし、寿ぎ、鎮めているのを確かに感じた。その実感こそが、本書の旅を支え、導いてくれたのだ。

二〇二四年十一月　この地に生き続けるものたちと　下妻みどり

長崎を深く知るためのガイド

ここを歩いてみよう編

本書で紹介したスポットを、実際に歩いてみるモデルコースをご案内しておこう。定番の観光地にも、きっと新しい発見があるはずだ。

コース1（第一講・第二講）

「長崎の始まりと〝小ローマ〟の町をたどる」

1　春徳寺《しゅんとくじ》（長崎市夫婦川町11－1）

長崎開港以前、代々の長崎氏の城と村は、この一帯にあった。長崎初の「トードス・オス・サントス教会」の跡地は仏寺となって現在に至る。裏の山には「龍頭巌」が眠っている。

2

諏訪神社　〔長崎市上西山町18－15〕

諏訪、住吉、森崎の三柱が祀られる長崎の産土神。秋の大祭「長崎くんち」の際には、参道の「長坂」が観客席となる。隣接の「月見茶屋」はうどんとぼた餅が名物。

3

長崎歴史文化博物館　〔長崎市立山1－1－1〕

諏訪の杜に立つ博物館。開港から近代まで、長崎の歴史をわかりやすく展示解説。常設展示では『寛永長崎港図』や『寛文長崎図屏風』が見られる。長崎の老舗レストラン『銀嶺《ぎんれい》』もあり。

4

サント・ドミンゴ教会跡資料館　〔長崎市勝山町30－1〕

一六〇九年に建てられ、一六一四年の禁教令で破却された教会遺構。教会時代の石畳や花十字紋瓦、後の代官時代の井戸のほか、歴史の重なりがわかる「地層の標本」は必見。

5

「長い岬」とその先端　〔長崎市万才町、江戸町〕

長崎の始まりの地には、岬の教会や奉行所、県庁など、重要な施設が置かれた。二〇一九年に旧県庁舎が解体され、二〇二四年現在は更地。地中には江戸時代の遺構や石垣が眠っている。

6
長崎港（長崎市元船町17－3（長崎港ターミナルビル））
ポルトガル船に始まる、海の向こうからやってきた船、日本人が世界に向かった船、神父を乗せた黒船、そして大小の造船所でいまも造られている船。長崎の町と歴史は、船と港に育まれてきた。五島航路や軍艦島クルーズも発着。

7
日本二十六聖人記念館（長崎市西坂町7－8）
殉教者の記録や遺物、フランシスコ・ザビエルの書簡など、貴重な資料が並ぶ。二十六人の彫像による殉教記念碑、記念館と聖フィリッポ教会の建築も見どころ。公園はカトリック公式巡礼地。

コース2（第三講・第四講）
「輝ける和華蘭の名残りを探して」

1
眼鏡橋（長崎市魚の町）
興福寺二代目住職・黙子如定《もくすにょじょう》が架けた、日本最古の石造二連アーチ橋。国指定重要文化財。周囲には飛び石やハートストーンなどがあり、フォトスポットになっている。

2

寺町と中通り〔長崎市寺町、諏訪町、銀屋町など〕

一六一四年の禁教以降、町の両側に多くの仏寺が建てられ、風頭山側の寺町の近くには、門前市を兼ねた「中通り」ができた。いまも多くの個人商店が並ぶ、ユニークかつ庶民的な商店街として親しまれている。

3

興福寺《こうふくじ》〔長崎市寺町4－32〕

一六二〇年、南京地方の人々によって建てられた日本初の唐寺。日本の黄檗宗の祖・隠元禅師《いんげんぜんじ》ゆかりのお寺でもある。おおらかなたたずまいの大雄宝殿や四季折々の花が出迎えてくれる。

4

崇福寺《そうふくじ》〔長崎市鍛冶屋町7－5〕

一六二九年、福州地方の人々が創建。国宝の第一峰門と大雄宝殿をはじめ航海の女神「媽祖《まそ》」を祀る媽祖堂など文化財多数。旧暦七月二十六日～二十八日には「中国盆」が行われる。

5

丸山〔長崎市丸山町〕

江戸時代には、貿易の町の社交場として重要な役割を果たした。古い料亭や風情のある路地、三味線の音が響く検番《けんばん》などに花街の香りが残る。長崎の食文化の粋を集めた卓袱料理を味わうのもいい。料亭では芸妓衆《げいこし》を呼ぶこともできる。

6

唐人屋敷跡・湊《みなと》公園〔長崎市館内町、新地町〕

一六八九年、唐人たちを収容するために作られた町の跡には、天后堂《てんこうどう》や福建《ふっけん》会館など、中国風の建物やお堂がある。貿易品の荷上げをしていた「湊」は埋め立てられて、湊公園となっており、旧正月の「長崎ランタンフェスティバル」では大いに賑わう。

7

出島〔長崎市出島町6-1〕

鎖国時代の西洋への窓口は、十九世紀初頭の姿を目指して復元が進められている。カピタン部屋など十六棟が完成しており、当時の出島を歩く気分が味わえるだろう。「長崎内外倶楽部」の建物はレストランになっている。

コース3（第五講・第六講）

「開国から原爆へ。自由と平和を祈りながら」

1　**大浦天主堂**（長崎市南山手町5-3）

正式名称は「日本二十六聖殉教者聖堂」。一八六五年に献堂され「信徒発見」の場となった。一九五三年国宝指定。隣接の旧羅典《らてん》神学校・旧大司教館には博物館も。

2　**グラバー園**（長崎市南山手町8-1）

日本最古の木造洋風建築であるグラバー邸や、石造りの旧オルト邸、旧三菱第二ドックハウスなどが並ぶ。園内の長崎伝統芸能館では、長崎くんちの龍や船を展示している。

3　**新地中華街**（長崎市新地町）

江戸時代に「新地蔵所」として出島同様の人工の島が作られ、開国後は華僑の町となった。倉庫街の名残りでもある十字路を中心に、多くの中華料理店や雑貨店、土産物店がひしめき合っている。

（この間は路面電車などで移動）

4

浦上天主堂〔長崎市本尾町1－79〕

浦上四番崩れの「旅」から戻った信徒らが、三十年の歳月をかけて建設したが、原爆によって破壊。一九五九年に再建され、遺構の一部は爆心地公園に移設されている。

5

爆心地公園・長崎原爆資料館

〔長崎市松山町6（爆心地公園）〕〔長崎市平野町7－8（長崎原爆資料館）〕

忘れてはならないグラウンド・ゼロ。資料館では原爆投下の経緯や被爆の惨状、戦後の復興、核兵器開発と廃絶に向けた動きがわかる。隣接する国立長崎原爆死没者追悼平和祈念館には、約二十万人分の名簿を安置。

6

平和公園〔長崎市松山町9〕

一九五五年に完成した平和祈念像とともに、各国から贈られた平和のモニュメントが並ぶ。戦前は刑務所があったが、原爆により壊滅した。園内の「平和の泉」は、身を焼かれて水を求めた被爆者の魂を潤し、慰めている。

7　山王神社（長崎市坂本2－6－56）

二十六聖人も歩いた浦上街道に面し、原爆に焼かれながら復活した二本の大きなクスノキが立つ。その葉のざわめきは「日本の音風景100選」に選ばれた。二の鳥居は原爆で破壊されて「一本柱鳥居」となっている。

←ちょっと足をのばして←

◇稲佐山（長崎市淵町407－6（稲佐山公園））

展望台からは『寛文長崎図屛風』さながらに、長崎の町と港の風景が広がる。長崎以前にポルトガル船が入った福田、浦上、大村湾までを望み、夜景も美しい。レストランもあり。ロープウェイやスロープカーが運行している。

◇端島（軍艦島）（長崎市高島町）

明治から昭和にかけて開発された炭鉱の島。コンクリート造りの高層ビルがひしめく「軍艦島」は、一九七四年に閉山し無人島になった。二〇一五年に世界遺産に登録され、部分的に上陸できるクルーズが人気を集めている。

この本を読んでみよう編

ほかの土地にはあまりないことが起こり続ける長崎の町と歴史は、いくつもの物語を生み出してきた。

よりリアルに人々の心の動きや町の空気を感じられる本も紹介しておきたい。

◇第二講

『奉教人《ほうきょうにん》の死』（芥川龍之介／新潮文庫）

長崎が〝小ローマ〟だったころを舞台に、美しいキリシタン〝青年〟が引き起こす人間模様。西洋文化やキリスト教との邂逅《かいこう》をテーマにした芥川の「切支丹物」は〝銅座の殿様〟永見徳太郎との交友なくしては生まれなかったであろう。

◇第三講

『沈黙』（遠藤周作／新潮文庫）

史実と創作が溶け合いつつ、禁教下の人々の生活や心情が描き出される。トモギ村のモデルとなった外海《そとめ》や、主人公ロドリゴと背教者フェレイラが出会う西勝寺《さいしょうじ》など、物語の風景をたどって歩いてみては。

◇第四講

『シーボルトの眼　出島絵師　川原慶賀』（ねじめ正一／集英社）

日本のあらゆるものを記録・収集しようとしたシーボルト。カメラのない時代に、彼の「眼」となり、人々の生活や動植物の姿を描いた出島出入り絵師・川原慶賀《かわはらけいが》の物語。慶賀の絵は現在、ほとんどがオランダやドイツ、ロシアにある。

◇第五講

『朝星夜星《あさぼしよぼし》』（朝井まかて／ＰＨＰ研究所）

幕末から明治にかけて、激動する長崎の町。そこに日本初の西洋料理店「自由亭」を開いた草野丈吉《くさのじょうきち》の人生を、妻の目から描く。大阪に店を移し、大きく発展していく様子にも目が離せない。自由亭の建物はグラバー園内で喫茶室となっている。

『お菊さん』（ピエル・ロチ／岩波文庫）

フランス海軍士官のロチが、一八八五年に長崎に来た際の体験を元に綴った、〝現地妻〟とのかりそめの結婚生活。日本人や女性に対する描写は、いまの感覚では受け入れがたいものもあるが、当時の長崎の町の様子や空気感が伝わってくる。

『私の長崎地図』（佐多稲子／講談社文芸文庫）

明治後期の長崎で生まれ、十二歳まで育った佐多が少女時代を回想する。祭りの賑わいや、様々な出自の同級生たち、繁華街や居留地に足を踏み入れる胸の高鳴りが鮮やかに記されている。被爆者の華僑と画家を描いた小説『樹影《じゅえい》』（講談社文芸文庫）もぜひ。

『戦艦武蔵』（吉村昭／新潮文庫）

三菱重工長崎造船所で秘密裏に進められた「戦艦武蔵」の建造の一部始終。目隠しのための棕櫚《しゅろ》が町中から消える冒頭から、その経緯と運命は戦時の日本と重なる。人々の生活にも影響は大きく、造船所を見ることさえも禁じられた。

◇第六講

『祭りの場』（林京子／講談社文芸文庫）

自らの被爆体験に基づいた芥川賞作品。学徒動員で働いていた三菱兵器大橋工場は原爆で倒壊し、多くの同級生が無惨な死を遂げた。戦争が終わっても放射能による体調不良は続き、学校の追悼式では生き残った苦しみに苛《さいな》まれる。

『遠い山なみの光』（カズオ・イシグロ／早川書房）

主人公の娘の自殺から始まる物語は、イギリスから戦後の長崎へと時空を越える。復興の槌音《つちおと》響く町で、それぞれの影を負いながら生きる人々とその行末。五歳まで長崎で育ったノーベル文学賞作家の初の長編小説は、二〇二五年に映画化。

『てれんぱれん』（青来有一《せいらいゆういち》／文藝春秋）

「てれんぱれん」は「ぶらぶらして怠けている」状態。生来の気質か原爆によるものか、そう呼ばれた父には、この世ならざるものの姿が見えていた。長崎原爆資料館の館長も務めた著者には『聖水』『爆心』など、長崎や原爆をテーマにした作品が多い。

『7月24日通り』（吉田修一／新潮文庫）

長崎を舞台にした小説は数あれど、歴史やサスペンスものではない恋愛小説はめずらしい。退屈な町を、よく似た地形のポルトガルのリスボンに見立てて楽しむ主人公。そういえば、四百年以上前の彼の国の宣教師たちも、この地を故郷に重ねたかもしれない。

『かすてぃら』（さだまさし／小学館文庫）

父の死に際して浮かぶ、長崎での日々の思い出を編んだ自伝的小説。破天荒な父が繰り出す規格外のエピソードを、コンサートのMCばりに笑いを挟む著者ならではの筆致で堪能できる。二〇一〇年、さださんが父を送った精霊船の豪華さに納得。

『ペコロスの母に会いに行く』（岡野雄一／西日本新聞社）

認知症の母・みつえさんの日常と、その脳裏《のうり》に去来する坂の町での暮らしを温かく描き出して大ヒットし、映画化、舞台化された漫画。いくつもの記憶が重なり、絡《から》みあうみつえさんの頭の中は、まるで長崎の町そのもののようだ。

おもな参考文献

第一講、また全般に関連

『新長崎市史　第一巻　自然編、先史・古代編、中世編』
『新長崎市史　第二巻　近世編』
『新長崎市史　第三巻　近代編』
『新長崎市史　第四巻　現代編』（以上、すべて長崎市史編さん委員会／長崎市）
『わかる！　和華蘭「新長崎市史」普及版』（長崎市史編さん委員会／長崎新聞社）
『市制百年　長崎年表』（市制百年長崎年表編さん委員会／長崎市役所）
『長崎開港450周年記念展　―ふたつの開港―』（長崎歴史文化博物館）
『図説　長崎歴史散歩　大航海時代にひらかれた国際都市』（原田博二／河出書房新社）
『世界航路へ誘う港市　長崎・平戸』（川口洋平／新泉社）
「旅する長崎学」「長崎游学」シリーズ（長崎文献社）
『長崎の岬　―日本と世界はここで交わった』（片峰茂監修／長崎文献社）
『長崎の岬Ⅱ　―長崎の記憶をほりおこす』（片峰茂監修／長崎文献社）
『長崎事典　風俗文化編』（嘉村国男編／長崎文献社）
『長崎事典　歴史編』（嘉村国男編／長崎文献社）
『長崎事典　産業社会編』（嘉村国男編／長崎文献社）
『長崎ものしり手帳』（永島正一／長崎放送）
『続・長崎ものしり手帳』（永島正一／長崎放送）
『続々・長崎ものしり手帳』（永島正一／長崎放送）
『ながさき巡歴』（片寄俊秀／NHK出版）
『長崎石物語　石が語る長崎の生いたち』（布袋厚／長崎文献社）
『長崎ゆかりの作家たち　東松照明展　長崎マンダラ　図録』（長崎県立美術博物館）
『東松照明展　―色相と肌触り　長崎―』（長崎県美術館）

第二講

『大航海時代の日本人奴隷　増補新版　アジア・新大陸・ヨーロッパ』（ルシオ・デ・ソウザ　岡美穂子／中央公論新社）
「港市長崎の成立に関する研究」（ベビオ・ヴィエイラ・アマロ／『建築史学』67巻）
『港市論　平戸・長崎・横瀬浦』（安野眞幸／日本エディタースクール出版部）
『世界史の中の長崎開港　交易と世界宗教から日本史を見直す』（安野眞幸／言視舎）
『教会領長崎　イエズス会と日本』（安野眞幸／講談社選書メチエ）
『改訂増補　バテレン追放令　16世紀の日欧対決』（安野眞幸／ちくま学芸文庫）
『日本王国記　大航海時代叢書Ⅺ』（アビラ・ヒロン／佐久間正ほか訳・注／岩波書店）
『みんな彗星を見ていた　私的キリシタン探訪記』（星野博美／文藝春秋）
『クアトロ・ラガッツィ　桃山の夢とまぼろし　―杉本博司

と天正少年使節が見たヨーロッパ』（長崎県美術館）
『ローマを夢みた美少年　天正遣欧使節と天草四郎展』（長崎歴史文化博物館）
『日本キリシタン殉教史』（片岡弥吉／時事通信社）
『日本二十六聖人殉教記』（ルイス・フロイス／結城了悟訳／聖母文庫）
『二十六聖人と長崎物語』（結城了悟／聖母文庫）
『キリストの証し人』（フーベルト・チースリク／聖母文庫）
『キリシタンのサンタ・マリア』（結城了悟／日本二十六聖人記念館）
『日本二十六聖人記念館　所蔵品カタログ』（日本二十六聖人記念館）
『列福式関連特別企画展「バチカンの名宝とキリシタン文化」―ローマ・長崎　信仰の証―』（長崎歴史文化博物館）
『十六・七世紀イエズス会日本報告集』全十五巻（松田毅一監訳／同朋舎出版）
『日本キリシタン教会史　1602－1620年』（オルファネール／井手勝美訳／雄松堂書店）

第三講

『長崎　東西文化交渉史の舞台（ステージ）　ポルトガル時代　オランダ時代』（若木太一編／勉誠出版）
『貿易都市長崎の研究』（本馬貞夫／九州大学出版会）
『興亡の世界史　東インド会社とアジアの海』（羽田正／講談社学術文庫）
『長崎奉行の歴史　苦悩する官僚エリート』（木村直樹／角川選書）
『長崎町人誌第五巻　新編　長崎名勝図絵　さまざまのくらし編　住の部』（嘉村国男編／長崎文献社）
『長崎絵図帖の世界』（大井昇／長崎文献社）

第四講

『「株式会社」長崎出島』（赤瀬浩／講談社選書メチエ）
『長崎丸山遊廓　江戸時代のワンダーランド』（赤瀬浩／講談社現代新書）
『復元！江戸時代の長崎』（布袋厚／長崎文献社）
『日蘭交流400周年記念　大出島展　―ライデン・長崎・江戸―　異国文化の窓口』（長崎市立博物館）
『旅する出島』（山口美由紀／長崎文献社）
『川原慶賀の「日本」画帳　シーボルトの絵師が描く歳時記』（下妻みどり編／弦書房）
『よみがえれ！　シーボルトの日本博物館』（国立歴史民俗博物館監修／青幻舎）

第五講

『龍馬が見た長崎　古写真が語る幕末開港』（姫野順一／朝日新聞出版）
『上野彦馬歴史写真集成』（馬場章編／渡辺出版）
『「信徒発見」150周年記念事業　世界遺産推薦記念特別展　聖母が見守った奇跡～長崎の教会群とキリスト教関連遺産～』（特別展「聖母が見守った奇跡」展実行委員会（長崎県、長崎市、長崎歴史文化博物館））

『ふるさとの想い出写真集　明治大正昭和　長崎』（越中哲也・白石和男編／国書刊行会）
『アルバム長崎百年　華の長崎　秘蔵絵葉書コレクション』（ブライアン・バークガフニ編著／長崎文献社）
『幕末・明治・大正・昭和　長崎居留地の西洋人』（レイン・アーンズ／福多文子訳・監訳／梁取和紘訳／長崎文献社）
『記憶にのこる　明治の長崎』（大野良子／宝文館出版）
『私の長崎地図』（佐多稲子／講談社文芸文庫）
『からゆきさん　異国に売られた少女たち』（森崎和江／朝日文庫）
『浪漫の光芒　永見徳太郎と長崎の近代』（長崎県美術館／長崎文献社）
『長崎偉人伝　永見徳太郎』（新名規明／長崎文献社）
『花と霜　The Glover Family　グラバー家の人々』（ブライアン・バークガフニ／平幸雪訳／長崎文献社）
『長崎・明治洋館　小林勝写真・文集』（小林勝）
『紫の履歴書　新装版』（美輪明宏／水書坊）
『父と娘の〝昭和〟は色あせず　戦渦の長崎「フ左日記」』（松尾哲男／宮本フ左編著／長崎文献社）
『復元！被爆直前の長崎』（布袋厚／長崎文献社）
『長崎原爆戦災誌』全五巻（長崎市役所／長崎国際文化会館）

第六講

『原子雲の下に生きて　長崎の子供らの手記』（永井隆編／中央出版社）
『トランクの中の日本　米従軍カメラマンの非公式記録』（ジョー・オダネル写真／ジェニファー・オルドリッチ聞き書き／平岡豊子訳／小学館）
『広報ながさき　市制１００周年記念（ダイジェスト・縮刷版）』（長崎市総務部広報課／第一法規出版）
『論集　長崎の部落史と部落問題』（長崎県部落史研究所）
『被差別民の長崎・学　貿易とキリシタンと被差別部落』（阿南重幸編著／長崎人権研究所）
『生き抜け、その日のために―長崎の被差別部落とキリシタン』（高山文彦／解放出版社）
『ゲンバクとよばれた少年』（中村由一・渡辺考／宮尾和孝絵／講談社）
『沈黙』（遠藤周作／新潮社）
『長崎の美術６　田川憲』（長崎県美術館）
『田川憲版画集　長崎・東山手十二番館』（田川憲／形象社）
『長崎手帖』（全四十号）（長崎手帖社）
『長崎浜の町繁昌記』（田栗奎作／浜市商店連合会）
『殉教（マルチル）の刻印』（渡辺千尋／小学館）
『赦し　長崎市長本島等伝』（横田信行／にんげん出版）
『本島等の思想　原爆・戦争・ヒューマニズム』（平野伸人編・監修／長崎新聞社）
『すべてのいのちを守るため　教皇フランシスコ訪日講話集』（カトリック中央協議会）
『被爆者からあなたに　―いま伝えたいこと』（日本原水爆被害者団体協議会／岩波書店）
『長崎くんち考』（大田由紀／長崎文献社）
『アースダイバー』（中沢新一／講談社）
『大阪アースダイバー』（中沢新一／講談社）

すごい長崎《ながさき》 日本《にほん》を創《つく》った「辺境《へんきょう》」の秘密《ひみつ》

著　者　下妻《しもつま》みどり
発　行　2025年1月30日
4　刷　2025年8月5日

発行者　佐藤隆信
発行所　株式会社新潮社　〒162-8711　東京都新宿区矢来町71
電話　編集部　03-3266-5611
読者係　03-3266-5111
https://www.shinchosha.co.jp
装　幀　新潮社装幀室
組　版　新潮社デジタル編集支援室
印刷所　錦明印刷株式会社
製本所　大口製本印刷株式会社

ISBN978-4-10-356051-7 C0021
価格はカバーに表示してあります。